Vinschgauwärts

Toni Bernhart

Vinschgauwärts

Eine literarische Wanderung

VERLAGSANSTALT ATHESIA · BOZEN

Gedruckt mit Unterstützung der Kulturabteilung
der Südtiroler Landesregierung
und gefördert von den Raiffeisenkassen des Vinschgaus

1998
Alle Rechte vorbehalten
© by Verlagsanstalt Athesia Ges.m.b.H., Bozen
Layout: Erwin Kohl
Gesamtherstellung: Athesiadruck, Bozen
ISBN 88-7014-965-X

für R. J.

Inhaltsverzeichnis

11 Vorausgeschickt

Im Banne des Sees
13 Rudolf Greinz: 's Herzblattel (1917)
18 Elsa Patscheider Bernhart: Olt-Graunr Gschichtn (1992/1995)
22 Hansjörg Waldner: Die Schönheit des Staudamms (1984)
23 Sepp Mall: Verwachsene Wege (1993)

Zeitloasn und ein Liebesnest in Langtaufers
27 Wilhelmine Habicher: Zaitloasn in Låntaufers (1989)
28 Genoveva Blaas Telser: Zeitloasn in Longtaufrs (1995)
29 Maria Luise Maurer: Joana. Eine Liebesgeschichte aus dem Langtauferer Tal (1979)

Obervinschger Weiler und Dörfer
33 Hansjörg Waldner: Stilleben: still eben (1993)
35 Uwe Dick: Drillichgesang für M+A+D und für die Edlen von Plawenn (1981)
37 Georg Paulmichl: Matsch (1987)
38 Beda Weber: Predigt am Feste des heiligen Antonius, des Einsiedlers, zu Schlinig an der Gränze zum Engedein (1826)
40 Hans Matscher: Auf'm Stellwagen (1937)

Ein stilles Nest
44 Rudolf Greinz: Das stille Nest (1907)
54 Paul Flora: Autobiographische Einleitung (1962)
59 Norbert C. Kaser: glurns (1979)

Ortler-Bilder
61 Johann Chrysostomus Senn: Der rothe Tiroler Adler (1838)
62 Adolf Pichler: Am Orteles (1844)
63 Alfred Gruber: Andreas Hofer (1983)
63 Franz Blaas: Omas kleine Erde (1995)
67 Karl Egon Ebert: Die Bergfrau vom Ortles (1852)
69 Angelika von Hörmann: Ortles (1869)
70 Georg Paulmichl: Ortler (1994)
71 Bodo Hell: Hochjoch (1977)

74 **Stilfs, Trafoi und Sulden**
74 Thomas Bernhard: Midland in Stilfs (1969)
78 Herbert Rosendorfer: Ballmanns Leiden oder Lehrbuch für Konkursrecht (1981)
84 Ludwig Paulmichl: Sätze und Absätze aus der Prosa »Stilfs« (1983)
88 Andrea Zanzotto: Schpinnarinnan; Orms Hontwerk (1987)
89 Georg Paulmichl: Stilfs (1994)
89 Wilhelmine Habicher: Stilfs im Vinschgau (1989)
91 Stefan Zweig: Stilfserjoch-Straße (1905)
95 Fridolin Plant: Hoch Trafoi! (1907)
96 Arthur Lesina Debiasi: Schiifoorn in Suldn (1995)

97 **Am Marmorberg**
98 Franz Tumler: Geschichte aus Südtirol (1936)
105 Norbert C. Kaser: Laas für Marijke; marmor (1967)
107 Franz Tumler: Marmorstück (1981)
108 Luis Stefan Stecher: In den Bildern meiner Kindheit (1983)
110 Josef Feichtinger: An Laas (1990)
112 Norbert Florineth: Im Hintergrund das Marmorgebirge (1993)
114 Thomas Kling: zur krone, alla corona, laas (1994)
116 Irma Waldner: Weißwasserbruch (1997)

117 *Sunnaberg* **und Kortsch**
117 Maridl Innerhofer: Afn Vintschgr Sunnaberg (1977)
118 Adalbert Köllemann: Vinschger Sunnaberg (1982)
119 Wolfgang Duschek: sonnenberg (1979)
121 Gabriele Pidoll: Kortsch (1977)

122 **Die Pest im Dreieck Goldrain, Morter, Schlanders**
122 Jakob Wassermann: Die Pest im Vintschgau (1911)

131 **Martell**
131 Ignaz Vinzenz Zingerle: Der alte Stallwieser (1852)
132 Antonia Perkmann-Stricker: A schians Tol – dös isch mei Huamat! (1982)
133 Norbert Florineth: In Martell, in mein Tol (1985)

135 **Juval**
135 Luis Kristanell: Kunigunde auf Schloß Juval (um 1960)
136 Hannes Benedetto Pircher: Adolph Lamprecht. Biographisches (1993)
139 Reinhold Messner: Vom Gestalten meiner Heimat. Meine Fluchtburg (1994)

144 **Die Schafe und der Ötzi**
144 Hans Wielander: Politik und Schafe (1988)
145 Wilhelmine Habicher: Di Schnålzr Schoof (1989)
146 Alfred Gruber: Schnalstal. Impressionen in Haikuform (1990)
147 Kadmon: Similaun. Bruder im Eis (1994)

150 **Vinschgauwärts**
150 Georg Rösch von Geroldshausen: Tiroler Landreim (1557)
151 Johann Friedrich Primisser: A Lied im Franzosen Rummel (1799)
152 Lertha: Ober-Etsch (1852)
152 Leonhart Wohlgemuth: Bergnacht. Vinschgau (1852)
153 Franz Tumler: Bild der Heimat (1948)
155 Gabriele Pidoll: Vinschgau (1963)
156 Luis Stefan Stecher: Vintschgau (1980)
156 Wilhelmine Habicher: In Vinschgau (1989)
158 Adalbert Köllemann: Vinschger (1976)
159 Franz Gert Gunsch: Vinschgauer Heimatlied (1990)
160 Norbert C. Kaser: Mein lieber Dieter! (1967)
160 Joseph Zoderer: Das Glück beim Händewaschen (1976)
162 Georg Paulmichl: Vinschgau (1994)
163 Reinhilde Feichter: Die Litanei (1993)
164 Kuno Seyr: Vinschgau fast übertrieben (1993)
166 Thomas Kling: etschbiß (1994)

167 **Bibliographie oder Die Literaturgeographie des Vinschgaus**

Vorausgeschickt

Wer sich dem Vinschgau nähern will, hat viele Möglichkeiten. Eine davon ist die Literatur: Texte, die sich ganz konkret auf Orte im Vinschgau beziehen, entwerfen ein ungewohntes, anderes Vinschgau-Bild. Man wird Klischees wiedererkennen (das *rauhe* Tal), man wird Bekanntes wiederfinden (Glurnser Nostalgie und Laaser Marmor), man wird aber auch Neues entdecken: etwa das unscheinbare Bergdorf Stilfs, das neben dem Ortler den literaturgeographischen Mittelpunkt im Vinschgau darstellt, oder die wunderliche Tatsache, daß der untere Vinschgau für die Literatur ziemlich belanglos ist.

Nicht die Schriftstellerinnen und Schriftsteller, die im Vinschgau geboren sind und dort arbeiten, stehen im Mittelpunkt (das vorliegende Buch ist keine Vinschger Literaturgeschichte), sondern die Texte, von wem auch immer, die sich auf dieses Tal beziehen. Auf den ersten Blick erscheint diese Anthologie denn als Wirrwarr: Kalendergeschichten von Maria Luise Maurer und Rudolf Greinz und Mundartliches von Wilhelmine Habicher und Maridl Innerhofer stehen neben experimenteller Lyrik von Wolfgang Duschek und Thomas Kling; eher Unbekannte wie Franz Blaas und Hannes Benedetto Pircher gesellen sich zu den Vinschger Klassikern wie Josef Feichtinger, Sepp Mall, Georg Paulmichl, Beda Weber und Hans Wielander. Doch auch die Großen sind vertreten: Thomas Bernhard, Bodo Hell, Norbert C. Kaser, Reinhold Messner, Herbert Rosendorfer, Franz Tumler, Jakob Wassermann, Joseph Zoderer und Stefan Zweig.

Vinschgau-Texte gibt es überraschend viele. Genau 174 habe ich bisher gefunden. Sie werden im Anhang angeführt und lokalisiert. Die hier vorgestellten Ausschnitte aus Prosa und Lyrik sind ein kleiner Teil davon. Theatertexte fehlen ganz, ebenso die Reiseliteratur und die Gebietsführer von Ludwig Steub bis Sebastian Marseiler. Reizvoll erschien mir die Auswahl der Texte nach Orten und Gegenden. Das Buch ist demnach als eine literarische Wanderung aufgebaut, die am Reschenpaß beginnt und bis ins Schnalstal führt und in zwölf Kapiteln literarische Mikroräume vorstellt.

Die Kommentare beschränken sich auf ein Minimum: biographische Eckdaten zu den Autorinnen und Autoren, Hinweise zu ihrem Arbeitsfeld und fallweise ein paar Überlegungen zu ihrem Text.

Ansprechen will ich das Problem der *Grenzziehung* in geographischer, sprachlicher und qualitativer Hinsicht. Wo fängt der Vinschgau, dieses Tal im Westen Südtirols, an, und wo hört er auf? Als Grundlage für die gebietsmäßige Eingrenzung dieses Tales habe ich die politischen Grenzen der Bezirksgemeinschaft Vinschgau gewählt. Diese Lösung ist die einfachste, sie mißachtet aber gleichzeitig die verbindende Funktion der Joche und Übergänge, die seit alters für den Waren- und den Kulturaustausch sorgen. Freilich nicht zu übersehen sind im Vinschgau die Beziehungen zum norditalienischen

Sprachraum, zum schweizerischen Graubünden und zu Nordtirol. Daß diese Anthologie (mit einer einzigen Ausnahme) ausschließlich deutschsprachige Vinschgau-Texte wiedergibt – auch darüber darf man nicht stillschweigend hinwegsehen. War es meine Faulheit oder meine Unkenntnis anderssprachiger Literaturen? Oder die Befürchtung, wenige Texte zu finden? Eine stichhaltige Rechtfertigung jedenfalls bleibe ich schuldig. Sehr subjektiv waren auch die Kriterien der Textauswahl für diese Anthologie. Texte zusammenzunehmen, die sich gebietsmäßig überschneiden, war mir von Anfang an wichtig. Die *literarische Qualität* (was immer das sei) war für die Auswahl der Texte nicht vordergründig wichtig, denn manche Kombination erfährt gerade aus einer ausgesprochenen literarischen *Nicht-Qualität* ihren Reiz.

Schreiben und Lesen sind Bewegungen in der Zeit und im Raum. Zeile für Zeile treibt der Text in eine bestimmte Richtung weiter. *Vinschgauwärts,* der Titel dieser Anthologie, will die Bewegung in den Vordergrund stellen: die Bewegung des Lesens, die Bewegung des Denkens, die Bewegung der Reise durch das Tal im Kopf. Spannender ist es, *vinschgauwärts* zu *gehen,* als im Vinschgau zu *sein*.

Ich danke Johann Gruber, Wolfgang Jochberger und Hansjörg Waldner für wertvolle Hinweise, Josef Feichtinger und Herbert Raffeiner für ihre kompetenten Hilfestellungen via Briefwechsel und meinen Freunden und meinem Vater, die seit Jahren meinen literaturgeographischen Vinschgau-Tick ertragen müssen.

Toni Bernhart
Palermo, Oktober 1997

Im Banne des Sees

Charakteristisch für das Vinschgauer Oberland ist sein Seenplateau. Der Reschensee, der Grauner oder Mittersee und der Haider See gliederten bis zur Fertigstellung des Reschenstausees im Jahre 1951 die breite Talsohle. Das Wasser der Seen ist seit jeher ein Teil des menschlichen Lebens und Wirtschaftens: als Inspiration für eine rege Sagenwelt und für die Phantasie, als Grundlage für den Fischfang, als Anziehungspunkt für den Fremdenverkehr und schließlich als das »weiße Gold« zur Elektrizitätsgewinnung.

Der Innsbrucker Schriftsteller Rudolf Greinz (1866–1942) – mit über zwei Millionen verkaufter Bücher neben Reimmichl einer der erfolgreichsten Tiroler Prosaschriftsteller – schildert in seiner wenig bekannten Erzählung »'s Herzblattel« (1917) das idyllisch-beschauliche Leben des Kleinhäuslers und Fischers Bartl, der zusammen mit seiner Adoptivtochter Anna am Ufer des Reschensees ein einsames Häusl bewohnt.

Rudolf Greinz

's Herzblattel

Nahe dem Ursprung der Etsch bei Reschen-Scheideck im Vintschgau breitet sich das Dorf Graun am Eingange des Langtauferer Tales. Den Verkehr mit der Außenwelt vermittelte, bevor die Vintschgauer Bahn eröffnet wurde, die täglich von Meran nach Landeck verkehrende Kaiserlich Königliche Eilpost, Mallepost genannt. Es war ein aufopferungsvoller Dienst, den die Kondukteure und Postillone zu versehen hatten. Im Sommer durch Staub und Hitze, bei eintretendem Regenwetter durch zahlreiche Muren gefährdet, im Winter durch Schneestürme und Lawinen bedroht, führten diese Kulturträger der Menschheit ein keineswegs beneidenswertes Dasein. Siebzehn Stunden betrug die regelmäßige Fahrzeit von Meran nach Landeck. In dieser langen Frist konnte sich manches ereignen, wovon sich bequeme Stadtkinder beim warmen Ofen nichts träumen lassen ...

An dem Graun gegenüber befindlichen Ufer des herrlichen Rescher Sees lag ein kleines Fischerhäuschen, in dem schon seit Jahren der alte Fischer Bartl hauste. Er hatte nicht immer ein so ruhiges Leben. Bis in sein hohes Alter hatte er den Postwagen kutschiert. Er war ein stets heiterer Gesell und namentlich dadurch bekannt, daß er den mit ihm reisenden Fremden die unglaublichsten Geschichten aufband.

Das konnte er auch später nicht mehr lassen. Als Fischer erzählte der Bartl ganz schauersame Mären von versunkenen Schlössern am Grunde des Sees und von allerlei unheimlichen Fängen, die er in seinem Netz oder an der Angel gemacht habe.

Als er das Häuserl am See übernahm, hatte er ein weitschichtig anverwandtes Diandl zu sich geholt. Das Annele war damals kaum vierzehn Jahre alt, eine Waise und von aller Welt verlassen. Trotzdem schickte es sich bald darein und führte dem Bartl das Hauswesen in musterhafter Weise.

Über fünf Jahre waren seitdem verstrichen, und das kleine Annele war zu einem ganz respektablen Mädel herangereift, das sämtlichen Dorfburschen die Köpfe verdrehte. Das Annele war das Herzblattel des alten Bartl. [...]

Sie erriet seine Wünsche, bevor er Zeit fand, sie auszusprechen. Sie stopfte ihm die Pfeife, brachte ihm die Schlappschuhe, wenn er heimkam, zog ihm den feuchten Jangger aus und gab ihm dafür eine trockene, behäbige Joppe. Seine Leibspeisen verstand sie vorzüglich zu kochen, namentlich das Rahmmus, die Speckknödel und die Topfenbaunzen. [...]

Seit einigen Wochen war aber eine merkliche Veränderung mit ihr vorgegangen. Wenn der Bartl die Sprache aufs Heiraten brachte, wich sie ihm scheu aus. Einmal wurde sie sogar blutrot und rannte aus der Stube. Diese Anzeichen hätten auch einen anderen als den schlauen, lebenserfahrenen Fischer und ehemaligen Postillon auf »b'sundre« Gedanken gebracht.

»Wart, Diandl, i werd' dir schon draufkommen!« simulierte der Bartl und war auf der Hut. Im Grund des Herzens hatte er eigentlich eine närrische Freude, daß er sein Herzblattel verliebt wußte. [...]

An einem schönen Sonntag des Sommers war das Annele nach dem Essen ganz verlegen zu dem Alten gekommen und hatte gefragt, ob er was dagegen habe, wenn sie heute nach Maria Verlierteck wallfahrten ginge. Sie habe es der Muttergottes schon lange versprochen. Der Bartl hatte nichts dagegen, sondern freute sich innerlich unbändig darüber. Jetzt würde er den Schatz schon kennenlernen. Denn das mit der Wallfahrt klappte nicht recht ... das mußte ja ein Blinder sehen.

Das Annele zog ihr Sonntagsgewand an und machte sich zeitlich am Nachmittag auf den Weg. Die kleine Kapelle zu Verlierteck liegt etwa eine Stunde hinter Reschen einsam und traulich mitten in dem waldigen Roienertal.

Das Diandl war kaum eine halbe Stunde aus dem Haus, als der Fischer Bartl seine neuen ledernen Kniehosen anzog, sich seine hölzerne Reggelpfeife stopfte, ein altes Filzhütl schief aufs Ohr setzte und sich gleichfalls auf den Weg nach Verlierteck machte. Wenn er auch dort nichts ausforschen sollte, schaden konnte es ja nie. Etliche Vaterunser wollte er ja doch an der Kapelle unter allen Umständen sprechen.

Der Weg nach Verlierteck ist steil und steinig. Die Sonne brannte vom Himmel, und dem Alten rannen die hellen Schweißtropfen über die braunen, runzeligen Wangen. [...]

Da, was war das auf einmal! Der Bartl stülpte eilig seinen Filz auf den Schädel und machte ein paar hastige Schritte von der Kapelle rückwärts gegen den Wald.

Vom lauen Sommerwind halb verweht drangen die lockenden Töne eines Posthorns zu ihm herüber. Das Herz wurde ihm ganz weich dabei. So schön hatte er selbst nicht geblasen, da er noch als munterer Postillon auf hohem Sitze fuhr. [...]

So konnte in der ganzen Gegend nur ein einziger blasen. Das war der Postillon Seraphin von der »Hoad«. Sollte am Ende gar der ...

Die Vermutungen des Alten fanden in der nächsten Minute ihre Bestätigung. [...]

Der Fischer Bartl schlich um die Waldblöße herum, bis er, kaum mehr zehn Schritte von dem Paar entfernt, sich lauschend verbarg. Er konnte jedes Wort hören, das gesprochen wurde.

»Gelt, Annele«, sagte der Seraphin, ein stämmiger Bursch, indem er den Arm um die Schultern des Diandls schlang, »es würd' dir halt a bissel hart, wenn's zum Scheiden käm' zwischen uns zwoa?«

»Geh, red nit so!« entgegnete das Annele ganz erschrocken.

»Iatz wird's wohl nachher bald Zeit sein, mit deinem Ziehvater a Wörtel z' reden!« fuhr der junge Postillon fort.

»Um Gott's willen noch nit! I fürcht' mi soviel!« wehrte das Diandl, indem es mit einem ängstlichen Ruck von der Seite des Burschen wich.

»Ja, den Kopf abbeißen kann er dir auch nit!« meinte der Seraphin.

»Aber i fürcht mi halt doch so. Was wird er sagen, wenn i ihm iatz auf amal davon will!« sprach das Annele.

»Vom Davongehn ist koa Red' nit!« beruhigte sie der Bursch. »Den alten Bartl nehmen wir mit uns ins Haus. Da soll er's ganz fein haben.«

»Das glaub' i schon!« entgegnete das Annele treuherzig. »Aber so ist's halt doch nit, wia's war ... und i glaub' kaum, daß der Bartl damit einverstanden ist.«

»Drum muaß eben mit ihm g'red't werden!« erklärte der Seraphin energisch.

»Dann geh' i auf und davon!« rief das Annele, dem Weinen nahe.

»So arg darfst du dir die G'schicht' nit einbilden!« sagte der Bursch.

»I bin amerst mit so a Angst da auferkommen. I kann dir's gar nit sagen, wia mir am ganzen Weg das Herz pumpert hat wia a Hammerwerk!« sprach das Diandl.

»Was wir uns iatz so schön ausdenkt haben, darf nimmer tschari gehn!« rief der junge Postillon. »Dir zuliab' lass' i das Fahren auf'm Postwagen, und mit dem Geldl, das i vorig's Jahr von meiner verstorbenen Basl g'erbt hab', kaufen wir uns das kloane Losamergüatl in Reschen. Bist einverstanden, mein Herzblattel, mein liab's, oder hast was dagegen?«

»I bin schon einverstanden!« erwiderte das Annele, das nähergerückt war.

Der Seraphin drückte einen herzhaften Kuß auf ihre Lippen, daß es nur so schnöllte. Der alte Fischer Bartl zog sich aber vorsichtig zurück. Er hatte genug gehört und gesehen.

Mit dem Seraphin war er eigentlich ganz einverstanden. Das war kein unebener Mensch. Man sagte ihm in der ganzen Gegend nur Gutes nach. Und daß der Seraphin ein Gütl kaufen wollte, das war dem Alten auch ganz recht. Einem Postillon hätte er sein Herzblattel nicht gern gegeben. Denn das ist ein Beruf, der viele Gefahren mit sich bringt. Da wird zuweilen auch mit dem und jenem Diandl auf der Strecke geschäkert. Das wäre ein bißchen ein zu lustiges und freies Leben gewesen für den Mann, wie er ihn seinem Annele wünschte. Daß aber der junge Bursch zu dem Diandl Herzblattel gesagt hatte, machte den Fischer Bartl fast ein wenig eifersüchtig. [...]

An einem der nächsten Tage saß der Bartl mit dem Seraphin von der Hoad in der dunkelbraunen getäfelten Wirtsstube der Goldenen Traube in Graun. Die beiden hatten anscheinend ein sehr wichtiges Gespräch geführt, das offenbar zur Zufriedenheit des jungen Postillon ausgefallen war; denn der Bursch glänzte im ganzen Gesicht vor Glückseligkeit.

»Also hast wirklich nix dagegen!« rief der Seraphin.

Idylle auf dem Haidersee. Im Hintergrund der Ortler, der auf dieser literarischen Wanderung durch den Vinschgau eine wichtige Rolle spielen wird.

»Beileib' nit!« entgegnete der Alte. »Aber den G'spaß bitt i mir noch aus! A bissel a Straf' muaß sein für das sakrische Diandl!« [...]

Bartl »bestraft« das Annele damit, daß er sagt, er selber werde es heiraten, mit dem Dorfpfarrer habe er schon gesprochen, dieser habe nichts dagegen. Annele – wenig erfreut über Bartls Ansinnen – bricht in Tränen aus. In diesem Augenblick stürzt Seraphin durch die Tür herein, und Annele durchblickt das abgekartete Spiel. Seraphin und sein Annele werden heiraten und glücklich sein.

Die liebliche, verklärte Seen-, Kirchlein- und Waldlandschaft bei Greinz, in der ein braves Mädel, ein fideler Postillion und ein gutmütiger Alter zu Hause sind, wird jäh zerstört, als im Jahre 1939 die Elektrizitätsgesellschaft Montecatini ihr Projekt für den Reschen-Stausee vorlegt. 1950 werden 520 Hektar Kulturgrund, das alte Dorf Graun und Teile von Reschen geflutet. Der Schmerz der Menschen, die dadurch ihre Heimat verlieren, ist unermeßlich.

Die gebürtige Alt-Graunerin Elsa Patscheider Bernhart (1928 bis 1995) schildert als Augenzeugin in ihren zwei autobiographischen Mundartprosa-

und Bildbänden »Olt-Graunr Gschichtn« (1992/1995) das Schicksal ihres Heimatdorfes und seiner Bewohner. »Di Seaschtauchung« reiht die Ereignisse des Frühsommers 1950 katalogisch hintereinander; umso deutlicher tritt hinter dieser Sachlichkeit die unaussprechliche Tragik zutage. »Di Toata wäarn ausgroubm«: Grausam berührt wird das alte und tiefe Gefühl der Menschen, wenn der Totenfriede ihrer Vorfahren gestört wird. Im Einzelschicksal des greisen »Schworza Trinali« schließlich spiegelt sich der kollektive Untergang.

Elsa Patscheider Bernhart

Di Seaschtauchung

[...] In 1. Auguscht houbmsi s äarscht Moul di Schlaisn zua toun. S Wossr hott olla Wiisn ibrschwemmp und ischt in di Haisr inni grunnan. In Wintr 1949/50 houbm di Lait nou kennt in di Haisr blaibm, oubr in di Kellr und in di Schtellr von Untrgraun ischt schun hoach Wossr gwäisn.

S Viich houbmsi gmiaßt in Oubrgraun in di Schtellr po dia Lait inni tian, dia schun aweck gwäisn sain.

Alt-Graun während der Sprengungs- und Abbrucharbeiten. Das Wasser steigt bereits.

In Mai 1950 sain di Toata von Fraithouf ausgroubm und affn nuia Fraithouf ibrfiart gwortn.

In Juni houbm di Lait von Untrgraun gäan gmiaßt, di Haisr houbmsi gschpreng.

In 9. Juli ischt s lescht Kirchn koltn gwortn. Di Saitaaltarr sain schun ouplindrt gwäisn. Di Orgl ischt aa schun aweck gwäisn. Dr Herr Pforr hott präidigat, di Lait houbm olla gräart. Noumittoug ischt s Ollrhailigscht in St.-Anna-Kirchl aubi trougn gwortn.

In Sunnta, in 16. Juli, houbm di Gloggn s lescht Moul glaitat. Zäarscht olla mitnondr a holba Schtund, norr jäida alloan 5 Minutn long. Deis lescht Laitn vo di Gloggn wäart koa Graunr vrgessn, däirs käart hott.

In 18. Juli houbmsi di Gloggn von Turn ouchr toun. Zäarscht ischt di »Groaß« dronkemman. [...]

Nochr houbmsi di »Olt« ouchr, dia schun 450 Jour in Turn kongan ischt. [...]

Norr ischt die »Elfr« dronkemman, di sell ischt ollm a viartl Schtund vourn Zammalaitn glaitat gwortn.

Nochr houbmsi s »Gleggl« ouchr, sell hott 5 Minutn vourn Zammalaitn glaitat. Zlescht houbmsi s »Zinggleggl« von Turn ouchr.

In 23. Juli, in an Sunnta, houbmsi ongfongan, di olt Graunr Pforrkirch z schprengan.

S Wossr ischt ollm häachr und häachr gschtign. Affn Plotz und in Oubrgraun houbm di Lait gäan gmiaßt. Di Haisr houbmsi olla gschpreng. Von gonza Dorf ischt lai mäa dr olt romanisch Turn ibri bliibm.

Di Toata wäarn ausgroubm

Eppas von Ergschta ischt fir di Graunr gwäisn, wenn di Orbatr vo di Montecatini in Mai 1950 di Toata von Fraithouf ausgroubm und affn nuia Fraithouf ibrfiart houbm. [...]

Vour di Montecatini ongfongan houbm di Toata auszgroubm, houbmsi affn gonza Fraithouf dick Kreosol und Chloroform umanondr toun. Deis hott gschtunkn, daß mas in gonza Dorf gschmeckt hott. Di drai Gattr von Fraithouf houbmsi zuagschperrt und houbm aubi gschriibm: »Proibito entrare.« Wenn oans hott gwellt ibrn Gattr ini schaugn, houbm di Orbatr gschriichn: »Via! Via!« Di Ongehöiriga vo dia Toata, dia in di löschta zwoa, drai Jour gschtorbm sain, houbm vo dr Gmoan a Inloudung kriag, onan beschtimmta Toug, wenn si dia Toata ausgroubm, affn Fraithouf z kemman z schaugn, daß jäidr wiidr sai Groub affn̦ nuia Fraithouf kriag.

Di Familiengroubschtett, dia rundlt uman Fraithouf gwäisn sain, houbmsi mit Baggr niidrgfiart. Di Holzkraiz sain affn Wossr umr gschwumman. Di Groubschtoan houbmsi dr Häach nouch affn nuia Fraithouf aff dr oubr Sait neibat dr Maur aufgschtellt. Di schmiidaisana Groubkraiz houbmsi aff dr untr Sait geigatn Säa ouchi aufgschtellt. Di Mandr, dia di Toata ausgroubm houbm, houbm hoacha Gummischtiifl, longa Gummimantl, groaßa Hiat, bis zu di Ellabeign inni Gummihantschn und ibrn Gsicht Gasmaschgn kött.

Mit broata Goublan houbmsi ollz, wous in dr Truch nou gwäisn ischt, ausrkoult und houbms in a nuia Truch, aff däir schun dr Nouman vo dein Toata drauf gschtonan ischt, inni toun und houbman affn nuia Fraithouf aubi gfiart. Oandr hott von Boudn di Boandr zammagsuacht und hottsa inan Ruckkorb affn nuia Fraithouf aubi trougn. In Kelldr vo dr Toatakapell houbmsi di Boandr vo di gonz olta Greibr wia Holz aufkaschtlt. Di longa olla bonondr, di kirzra olla bonondr und di gonz kurza. In an Egg houbmsi olla Toataköpf inni toun, di sella houbmsi ett kennt aufkaschtlan, sellm warn si ibrnondr ouchi kuglt.

Oa Frau hoppmr drzeilt, wenn si deis gsäichn hott, norr hottsasi denkt, dr weil Toatakopf wäart eppr vo mai Muatr sain? Ihra Muatr ischt gonz jungr gschtorbm.

Vo oa Familie, dia aa a setta Inloudung kriag hott affn Fraithouf z kemman, wail si in sella Toug suina gschtorbma Basl ausgroubm houbm, hott niamat gäan gwellt. Gach hott di jung Frau gsogg, norr muaß holt i gäan. Si ischt affn Fraithouf inni. Sellm hottsi an Graunr gsäichn, däir kolfn hott Boandr zammaklaubm. Norr houbmsi bäada gsäichn, wia si groud a Waibaz as an Groub ausr houbm. Sui houbm bäada nimma long gschaug und sain gschprungan bis zun Gattrli, wou ma zun Wiidn ouni kemman ischt. Sellm sain si schtäan bliibm und houbm bäada gräart. Si sain räaratr hoamgongan und houbm nicht mäa gschaug. [...]

S Schworza Trinali

S Schworza Trinali ischt a Köchin gwäisn. In dr Schweiz hott si in an groaßa Hotel 40 Jour long kocht. Nouch dr Saisoun ischt si ollm hoam kemman. Wenn aff Graun oudr in Oubrlond a Primiz gwäisn ischt, sell sain friar haifi gwäisn, oudr wenn a Hoazat gwäisn ischt, hott s Schworza Trinali gmiaßt Turtn mochn und vrziarn. Miar Kindr houbm oft terft zuaschaugn. Si hott Kelch und Hoschtien, Taiblan und Ringlan, Körblan und Poppalan gmocht.

Vo dr Schweiz hott si ollm Biachr und Zaitungsroman mitbrocht. Vo dr Zaitung hott si di Fortsetzungen flaißi ausrgschnittn, hottsa mit a Noudl und mit an Foudn zammagnait. Dia Biachr, dia si in dr Schweiz kaft hott, und di Zaitungsroman hottsi di Lait vo Graun, vo Reschn und vo t Hoad zun Läisn gliichn. Ma hott oubr gmiaßt guat drauf schaugn. Wäir ett guat drauf gschaug hott, drsell hott koana mäa kriag. Wenn in an Buach eppas von Bussn drinn gwäisn ischt, norr hott si gsogg: »Denn Herr jäi«, sell ischt ollm ihr Schpruch gwäisn, »deis ischt nicht fir enk, dou saits nou viil z jung, deis konn i enk ett gäibm.« Norr houbm miar ollm gsogg: »Dia läisn ett miar, dia läisn inzra groaßa Schweschtrn.« Obwoul mr norr erscht recht gläisn houbm, wailmr ett terft hattn. Es ischt wirkla nicht Gabis drinn gwäisn. I konn mi nou guat bsinnan, wou si dia Biachr kött hott. Affa groaßa Schteil hott si ollz Biachr fir di Junga kött. In an broata Kamotkoschtn mit groaßa Schubloudn hott si di Roman kött, dia fir di groaßa Lait gwäisn sain.

Wenn di Montecatini 1950 in Sea gschtaucht houbm und olla Lait vo drhoam houbm gään gmiaßt, ischt s Schworza Trinali oanfoch ett ausigongan vo ihrn Haus. »I bin Schweizerin«, hott si gsogg, »i gäa ett.« Wenn untna in Haus, in Kellr und in äarschta Schtock ollz Wossr gwäisn ischt, ischt si in oubra Schtock aubi gongan. Von an Fenschtr aus hott si a longa Holzbrugg zunnan Roan ouni kött und ischt dou inni- und ausigongan. »Wenn dou aa s Wossr kimmp, norr gäi aff Till aubi. Maina Hennan honn i schun sellm doubm«, hott si gsogg.

Di Karbinäir houbmsa gmiaßt mit Gwolt ausrhoulan. Di Biachr hott si olla gmiaßt zrucklossn. S Trinali hott gräart und giammrt: »Denn Herr jäi, maina gonza Biachr sain hin.« Oubr di Karbinäir ischt sell glaich gwäisn, si houbmsa waitr gschtruzt, und um ihre Biachr houbmsassi nicht kümmrt. Orbatr houbm drwail di Biachr von Fenschtr ausi gworfn. Wenn ihr Haus gschpreng gwäisn ischt, sain di gonza Biachr affn Wossr umrgschwumman. Assou ischas in orma Schworza Trinali gongan mit ihre Biachr.

21

Hansjörg Waldner, der 1954 in St. Valentin auf der Haide geboren ist und heute als Germanist und Historiker in Wien lebt, schließt mit dem folgenden Gedicht das Hörbild »Der Staudamm« ab, das Waldner 1988 zusammen mit dem Südtiroler Filmemacher Karl Prossliner für den Österreichischen Rundfunk zusammengestellt hat. Wortspielerisch nähert sich Waldner dem verworrenen Phänomen Reschen-Stausee.

Hansjörg Waldner

Die Schönheit des Staudamms

Die Schönheit des Staudamms
Die Schönheit der Überlandsleitung
Die Echtheit des Staudamms
Die Echtheit der Überlandsleitung
Die Einsicht in den Staudamm
Die Einsicht in die Überlandsleitung
Der Effekt des Staudamms
Der Effekt der Überlandsleitung
Die Stauung der Schönheit &
Der Überfluß der Landesleitung

Eine wesentliche Rolle spielt der Reschensee auch in der Erzählung »Verwachsene Wege« (1993) von Sepp Mall. Der 1955 geborene Lehrer und Schriftsteller stammt aus Graun im Vinschgau und ist Träger des renommierten Meraner Lyrik-Preises 1996. Hinter seinen fiktiven Dörfern Marienbach und St. Katharina sind Graun und St. Valentin zu erkennen. Die Hauptfigur der Erzählung – ein gebürtiger Marienbacher – arbeitet als Wasserbautechniker in einer nahen Stadt. Nachdem ihm dort die Beziehung zu seiner Frau unmöglich geworden ist, läßt er sich von seinem Arbeitgeber in sein Heimatdorf versetzen, er soll dort die Staumauer des Sees überwachen. Die ersten Tage in der »Dorfwelt, die nicht mehr die war, wie er sie einmal erlebt hatte«, sind von einem schweren Unglück überschattet: Ein Linienbus ist in den Stausee gestürzt. Der historische Hintergrund dafür ist das Busunglück zwischen Graun und St. Valentin, bei dem am 13. August 1951 im Reschen-Stausee, ein Jahr nach dessen Flutung, 22 Menschen ertrinken.

Sepp Mall

Verwachsene Wege

Ein Linienbus des Reiseunternehmens SAD war zwischen Sankt Katharina und Mariendorf in den Stausee gestürzt.

Die Hühner waren aufgeregt gackernd und mit wilden Flügelschlägen zur Seite gesprungen, als die Nachbarin mit ausgebreiteten Armen über die Straße hergelaufen war. Der plötzliche Lärm hatte ihn herumfahren lassen, und von seinem Fensterplatz aus sah er die kleine, rundliche Frau auf das Haustor zufliegen. Ihre Kittel und Schürzen flatterten hinter ihr her, und noch auf dem Hof draußen begann sie zu schreien. Ein Unglück, ein Unglück, so ein Unglück, mit kreischender, sich überschlagender Stimme, schon polterte sie über die Stiegen zur Haustür herauf, schreiend in den Gang herein, und als sie über die Schwelle der Küchentür stürzte, hatten sie längst schon aufgehört zu essen.

Alles starrte nur noch auf die Frau, die schluchzend und nach Atem ringend im Raum stand.

Endlich schob ihr jemand einen Stuhl hin, und in diesen Augenblick der hilflosen Bewegung hinein begann die Totenglocke der nahen Pfarrkirche zu läuten.

Die Bergung des Unglücksbusses im August 1951.

Wie ein leises Wimmern schwang der erste Ton in der Luft, ein Atemanhalten, schnell jedoch wurden die Klöppelschläge heftiger und schärfer. So sehr kannte er das helle Aufsingen dieser Glocke noch von früher, leicht zu unterscheiden vom dunklen, schweren Ton der übrigen Glocken, das immer unerwartet, in irgendeine Arbeit hinein ertönt war, daß er gleich erschrak, so wie er immer erschrocken war. Und jetzt ahnte er, daß das, was die Nachbarin unter Stöhnen und Schluchzen herausgestottert hatte, tatsächlich geschehen sein mußte.

Es mußte einer jener blauen Autobusse gewesen sein, die dreimal am Tag von der Stadt hier heraufkamen und wieder zurück hinunterfuhren und damit die einzige Verbindung herstellten zwischen den weit auseinanderliegenden Dörfern des Tales. Auch er war immer mit diesen Bussen gefahren, ins Internat in der Stadt, früher, oder später dann zu seinen Besuchen im Dorf, und lange noch hatte er den Anblick dieser blauen Busse mit dem Wegfahren von zu Hause verbunden; mit dem Schmerz des Abschiednehmens, einem bohrenden Heimweh.

Und jetzt war einer dieser blauen Omnibusse in nächster Nähe der Ortschaft in einer Kurve geradeaus weitergerollt, über den Straßenrand hinaus, und war über die steile Böschung ins Wasser gestürzt.

Das Totenglöcklein wollte nicht mehr aufhören zu läuten, in der Kirche sahen alle nur noch schweigend vor sich hin; auch das Kind mußte gespürt haben, daß etwas Unheimliches geschehen war, mit großen Augen blickte es von einem zum anderen, stumm, ratlos. Die Nachbarin hatte aufgehört zu schluchzen und starrte, auf ihrem Stuhl zusammengesunken, vor sich nieder, auf den grau abgetretenen Linoleumboden der Küche.

Eine undurchdringliche Stille war eingetreten. Es war ihm, als hätte das ganze Dorf mit einem Male die Arbeit niedergelegt, als sei es in seiner Bewegung plötzlich erstarrt, jeder einzelne für sich stehengeblieben mitten in seiner Tätigkeit; als halte das ganze Dorf den Atem an und sei nichts mehr als ein einziges empfindliches Organ, das in bangem Entsetzen dem Bimmeln der Totenglocke lauschte.

Nicht einmal ein Tier war zu vernehmen in diesem grenzenlosen Schweigen, kein Vogel, der zwitscherte in den Bäumen, keine Kuhglocke, kein Hund, der mit seinem Aufheulen die unheimliche Stille zerrisssen hätte. Und als die Glocke schon verstummt war, blieb noch minutenlang ein dünnes Klingen in der Luft stehen, oder war es nur in seinem Kopf, ein Nachhall, der sich, wie aufgewirbelter Staub, erst langsam wieder niederlegte und das ganze Dorf einhüllte in eine unbewegliche Wolke aus eisigem Klang; und erst, als auch dieser Klang verweht war, schien es, als löste sich das Dorf langsam wieder aus seiner Erstarrung.

Ich muß mich beeilen, sagt der Schwager, der als erster den Löffel wieder in die Hand genommen hat, die Feuerwehr ist sicher schon draußen.

Die Nachbarin seufzte auf und machte sich davon, im nächsten Haus vom Geschehn zu künden, und auch er zog jetzt seiner Schwester gleich seinen Teller wieder zu sich heran. Die Suppe war längst kalt geworden, das abgekühlte Fett schwamm in kleinen weißen Brocken obenauf. Ein widerlicher Geschmack blieb in seinem Mund zurück, als seien Zunge, Zähne und der ganze Gaumen von einer unlöslichen Fettschicht umhüllt; es war ein Unglück passiert, ein unglaubliches Unglück.

[...]

Deutlich schimmerte das dunkle Blau der Karosserie durch das grünliche Wasser des Stausees. Leicht nach vorne geneigt stand der Autobus auf seinen vier Rädern auf dem Grund des Sees, nur wenige Schwimmzüge vom Ufer entfernt. Und jedesmal, wenn eine Welle über das Verdeck hinwegrollte, schien es, als würde der Autobus mit einem Ruck anfahren, so, als sollte die so jäh unterbrochene Fahrt wiederaufgenommen werden.

Die Straße, die als schmaler Streifen zwischen den Felsen und dem See entlangführt, macht an dieser Stelle eine leichte Biegung zum Hang hin, aber eine gefährliche Kurve ist es nicht. Den Straßenrand hatte man deshalb auch nicht eigens gesichert, nur einige Wehrsteine waren da in den Boden gesetzt, in großem Abstand, und kaum zwei Schritte hinter ihnen fällt die Böschung fast gerade ab zum Wasser.

Auf dem Weg zur Arbeit hatte er hier angehalten, er war nicht der einzige, auch andere hatten ihr Auto an den Rand gestellt, waren ausgestiegen, um hinunterzuschauen und sich ein Bild zu machen vom Geschehen. Man geht am Straßenrand auf und ab, sieht hinunter in die Wellen und schüttelt den Kopf; um dann gleich wieder einzusteigen und davonzufahren, in ein anderes, in das eigene Leben hinein. Wieder einmal hat man die Gefahr geschmeckt, die Spur des Todes gesehen, dann aber muß man wieder zur Arbeit, zurück auf die Wiesen, in die Werkstatt, zu den Kindern, man war davongekommen. [...]

Nirgends waren hier Bremsspuren zu sehen, weder auf der Straße noch am Straßenrand, zwischen den zwei Wehrsteinen mußte das schwere Auto geradewegs ins Wasser geflogen sein.

Und da hatte man sie heraufgezogen. Die paar Wermutsträucher, die in dünnen Büscheln zwischen den Granitplatten des Abhanges herauswuchsen, waren zertreten, graue Blätter und Dolden über den Hang verstreut, Schleifspuren da und dort. So steil ist die Böschung an dieser Stelle, daß das angeschwemmte Treibholz keinen Halt darauf findet und immer wieder zurück in die Gischt fällt.

Die Taucher hatte man erst aus der Stadt heraufkommen lassen müssen, den halben Nachmittag lang hatte man untätig am Ufer herumgestanden, die Feuerwehrleute, die Carabinieri, niemand war für ein derartiges Unglück ausgerüstet. So hatte die traurige Arbeit erst spät am Abend beginnen können, und im Licht der Scheinwerfer hatte man einen nach dem anderen aus dem kalten Wasser geholt.

Wenn man am Tag danach die Unglücksstelle betritt, erscheint einem das Geschehene schon so weit weg, daß es fast unwirklich wird, und die Spuren, denen man nachgehen kann, sagen nichts mehr aus über das, was sich eigentlich abgespielt hat. Wenn die Sonne durch die Wolken bricht, beginnt der ganze See zu schimmern, und über die Rücken der Wellen fließt das Licht dahin, über den still vor sich hin dümpelnden Autobus hinweg, bis der Widerschein des Blaus sich auflöst in einer einzigen Haut aus Helligkeit. Und die Boote weiter draußen, aus denen Taucher wieder und wieder ins Wasser gleiten, fast gewaltsam muß man sich in Erinnerung rufen, daß da nach Ertrunkenen gesucht wird, die irgendwo noch dahintreiben. [...]

Zeitloasn und ein Liebesnest im Hochgebirge

Vom Tragischen nun ein plötzlicher Schwenk hin zu den Blumen und Blümlein, die im Rufe stehen, ein nicht wegzudenkender Bestandteil von Mundartgedichten zu sein. Die »Zeitloasn« – die Krokusse – von Langtaufers, dem obersten linken Seitental des Vinschgaus, scheinen es den beiden Vinschger Mundartdichterinnen Wilhelmine Habicher und Genoveva Blaas Telser besonders angetan zu haben. Die pensionierte Lehrerin Habicher, geboren 1927 in Mals und dort wohnhaft, veröffentlicht 1989 ihren Gedichteband »Dr Vinschger Flecklteppich«. Darin gibt es das Gedicht »Zaitloasn in Låntaufers«. Sechs Jahre später veröffentlicht Telser, geboren 1950 in Laatsch und dort wohnhaft, ihren Band »Novembrrousn«. Darin gibt es ein Gedicht mit dem gleichen Titel, der hier ein wenig anders geschrieben ist: »Zeitloasn in Longtaufrs«.

Wilhelmine Habicher

Zaitloasn in Låntaufers

A Fartl in Låntaufers
in Langas noochn Schneea; –
deïs Bild vrgisch du
dai Leppa nimmrmea.

Zaitloasn .....
di Wiisn, di Rean,
's gånz Tool isch hintn,
va Pedroß bis Maloog.
Tausate va Kelch
hoobn neebnanond Plåtz,
sainzi waiß -
oudr violett.

Sou ischas hålt:

Wenn jeedr in åndrn Plåtz lått,
nårr bliats ibråll z'gwett.

Genoveva Blaas Telser

Zeitloasn in Longtaufrs

Langez isch gwesn, und die Welt nu gonz nui,
dr Heargott hot gsechn do kearn Bliemlen nu zui.
Dr Vinschgau ols a grauer Woosn,
und dr Wind hot selm schun bloosn.
Dr Heargott nimp in Zeitloasnsoum,
und fong in Longtaufrs zun saien oun.
Weiß und blau, koa groaße Wohl,
er vrtoalt in Soum durchs gonze Tol.
Wiar mitn Saikorb af Graun ausi kimp,
gschpiertr do geaht dr Oubrwind.
Vrbloostn wosr grod kopp hot int Hond,
und fohrt mit der Hondvoll durchn Lond.
Do hot sich dr Heargott driebr itt gfreit,
und hot nor nimmr weitr gseit.
Der Vinschgrwind deis isch a Gfrett,
und hot boade Hend af sein Gsamrle draufkepp.
Keahrt nor um a gonz vrzogg,
und sein Saikorb wiedr Longtaufrs zuatrogg.
Wirft nu a Hondvoll int Wies, und nu oane afn Roan,
sou bliehen ols Zeitloasn lei nit af die Schtoan.
Dr Langez in Longtaufrs ischn glungen,
drfour bliehen lei dia, diedn dr Wind hot gnummen.

Die landschaftliche Wildheit dieses Hochgebirgstales bildet die Kulisse für »Joana. Eine Liebesgeschichte aus dem Langtauferer Tal«. Der Text der Algunder Schriftstellerin Maria Luise Maurer (geboren 1955) erschien 1979 im Band »Erzählungen aus Südtirol«, er vereint Elemente der Novelle und der Kalendergeschichte zu einer griffig-drastischen Erzählung.

Maria Luise Maurer

Joana. Eine Liebesgeschichte aus dem Langtauferer Tal

[...] Valentin liebte seine Heimat über alles. Er war anders als die Leute seiner Sippe: groß und schlank gebaut, stark und kräftig – und doch wieder – kühl und nüchtern. Seine Augen leuchteten hell und klar wie das Wasser, das er aus dem Bergquell getrunken, und manchmal blitzten sie auf, wie das blaugrüne Schillern der Eisklüfte auf der Weißkugel.

Er war in allen Jochtälern zu Hause. Oft wanderte er über das Hochjoch hinunter nach Kurzras ins Schnalstal oder hinüber ins Ötztal. Immer wieder verschwand er tagelang im Gebirge. Es gab keinen Gipfel, keinen Grat, den er nicht kannte. Er war erfahren in der Gesteinskunde und wußte um das Vorkommen edler Kristalle. Er war imstande, die Stellen im Felsen zu finden, wo man den blutroten Granat mit der bloßen Hand auflesen konnte, so leicht löste er sich vom losen Gestein des Glimmerschiefers, hierzulande »Katzensilber« genannt.

War es Kühnheit, war es die Lust am Abenteuer, zum Freien und Unbegrenzten, zu allem, was ihm schön, groß und erhaben vorkam? Er wußte sich selbst keine Antwort zu geben.

Auf einer solchen Wanderung im Sommer durchs Gebirge begegnete Valentin einer Gruppe von Bergsteigern – Studenten aus Deutschland, Österreich und Italien –, die sich in diese weltfremde Gegend verirrt hatten. Es waren drei Männer und drei Frauen. Zwei Männer sprachen italienisch. Valentin kam ihnen entgegen. »Grüß Gott«, so lautete ihre Anrede, und nun begannen auch die anderen zu sprechen. Valentin war anfangs etwas mißtrauisch, aber das konnte wohl nicht anders sein, sagt man doch, daß die Umgebung dem Menschen ihren Charakter aufprägt.

Durch die monatelange Abgeschiedenheit im Jahre und die einsame Lage hatten auch diese Menschen etwas Zurückhaltendes und geradezu Scheues in ihrem ganzen Wesen.

Nun aber fingen die beiden Italiener an zu singen. Sie stammten aus dem Trentino und waren auch in den Bergen zu Hause, bei Madonna di Campiglio. Sie sangen ein wunderschönes, wehmütiges Lied aus ihrer Heimat:

... La montanara v'e,
si sente cantare,
cantiam la montanara per chi non la sa
... là su per i monti tra rivi d'argento,
tra l'aspre rupi echeggia un cantico d'amor ...

und die anderen stimmten im Chore ein.

Die fremden Weisen klangen so berauschend durch das stille Bergtal und weckten das Echo des nahen Waldes. Als das Lied verklungen war, wandte sich einer an eine junge Frau, die etwas abseits stand und etwas gedankenverloren in die Welt blickte.

»Joana«, sagte er, »warum hast du nicht mitgesungen?« »Ich konnte nicht, bitte laßt mich doch!« war ihre Antwort.

Da erst wurde Valentin aufmerksam. Jetzt schlug Joana ihre dunklen Augen zu ihm auf, und es überkam ihn eine seltsame Unruhe. Er war verwirrt.

Die hohe Stirn, die dunklen Brauen über dem flammenden Auge, das volle, schwarzbraune Haar, das sie im Nacken zu einem Knoten gebunden hatte, die herrisch stolze Gestalt mit dem etwas spöttischen Lächeln um den Mund, nahm ihn unwiderstehlich in ihren Bann.

Die anderen hatten nichts gemerkt. Valentin begleitete die Gruppe bis zum Hochjoch. Von dort wollten sie ins Schnalstal hinuntersteigen. Valentin aber kehrte um, er mußte heim nach Melag. Da verabschiedete sich plötzlich auch Joana von ihren Freunden und meinte: »Geht nur eures Weges, ich will noch ins Langtauferer-Tal, bevor ich heimkehre.« Die Freunde waren überrascht, ließen sie aber gewähren.

Da nahm Valentin sie an der Hand – ganz selbstverständlich, als wäre sie seit jeher – seine Verwandte – seine Schwester – oder seine Frau. Er schaute sie nur an und sprach kein Wort.

Und es überkam ihn die so lang bewahrte, aufgestaute Leidenschaft! Er war in Liebe entbrannt zu diesem Weib. Stürmisch zog er sie an sich – sie warf sich herum, das reizte ihn noch mehr, und er umklammerte sie noch fester. Da spürte er, wie ihre Zähne sein Hemd zerrissen, doch er, der Mann – war stärker. Er preßte seinen Mund auf den ihren, bog ihren Kopf zurück und raunte unverständlich stammelnde Worte in ihr zerwühltes Haar.

»Ich will dich! Du bist mein Weib! Nimmermehr laß ich dich!« So stürmisch war der Werbende, daß ihr fast der Atem verging, und nun stieg auch ihr das Blut zum Herzen, und sie konnte ihm nicht länger widerstehen, und es fanden ihre Hände ineinander, berührten, drückten sich, und jetzt spürte auch er, wie ihr Mund ihn suchte.

Und sie sanken hin auf die Erde, und er nahm ihren Schoß, während sie sich noch einmal aufbäumte, in einem einzigen Schrei, und er den ersten triumphierenden Genuß des Mannes erlebte.

Die atmende Kühle des Erdbodens und die allmähliche Erwärmung der sommerheißen Luft vermischten sich zu einem lauen, feuchtwürzigen Dunst, der mit dem Atem und durch die Haut in sie einströmte. Eine tiefe, zehrende, selige Müdigkeit erfaßte sie, und sie sanken wie tot in einen befreienden Dämmerschlaf hinüber.

Joana erwachte zuerst. Sie war verwundert, überrascht! Nun gewahrte sie den Geliebten neben sich. Wie ein junger Gott sah er aus in seiner Schönheit, und es überkam sie das Erlebte noch einmal in nie gekannter Seligkeit. [...]

Plötzlich steht Joana auf und verschwindet, leichtfüßig, doch mit dem Versprechen, im nächsten Sommer wieder zu kommen. Valentin ist liebeskrank.

[...] Der Winter kam mit aller Bitterkeit.

Valentin war trotz der Kälte fast immer im Freien, sogar bei Nebel, Regen und Schnee. Früher, als sein Vater noch lebte, war er zu Hause geblieben und hatte dort nach dem Rechten gesehen.

Nun zog es ihn hinaus, bei Schnee und Nebel. Das Tageslicht war manchmal etwas Graues, Unbestimmtes, das sich von den Nebelhaufen kaum noch unterschied.

Wie ein Gespenst wanderte Valentin über die Höhen, nicht einmal das Geräusch seiner Schritte konnte man hören, der Schnee hatte einen Teppich unter seine Füße gelegt.

Der Winter ging vorüber, und der Frühling zog wieder ins Land. Neues Leben erwachte im Tal und auf den Höhen. Valentin fühlte keine Kraft mehr in sich. Kaum trugen ihn die Knie, stieg er wieder hinauf ins Gebirge, Lawinen stürzten zu Tal, aber er trotzte den Naturgewalten und schien die Gefahr zu suchen. Er wollte sein Schicksal herausfordern.

Wie von einer geheimen Macht getrieben, zog es ihn wider Willen hin zu jener jungfräulichen, eiskalten Königin – der Weißkugel. Einmal kam er nicht mehr zurück. Man wartete viele Tage, dann suchte man ihn, aber keiner sah ihn mehr.

Nach vielen Jahren fand man an einem sonnigen Herbsttag am Fuße der Weißkugel die Leiche Valentins. Er war so jung und schön wie einst zur Zeit seiner großen Liebe, und das Eis hatte ihn unversehrt erhalten. In jenem Jahr kam eine fremde Frau ins Tal. Sie war nicht mehr jung, aber sie muß einmal sehr schön gewesen sein, in ihrer Jugendzeit, das konnte man an ihrer aufrechten Gestalt und an ihren Gesichtszügen erkennen.

Es war Joana. Sie hörte die Geschichte ihres Geliebten mit trauerndem Herzen. »Ich habe ihn getötet«, hörte sie sich sagen, »aber ich habe es nicht gewollt. Die Liebe ist eine furchtbare, eine unbarmherzige Macht!« Joana wußte jetzt, daß sie nicht mehr fortkonnte aus diesem Tal. Ihr Leben war voller Schuld und ohne Reue gewesen. Es war die Stunde der Dämmerung, und Joana schaute in jene blaue Ferne, wo sich die Weißkugel wie eine Königin hoch über den anderen Bergspitzen erhebt, – und ihre Lippen formten – wie zum Gebet – jene ergreifenden Worte des Dichters:

>Die Sonne rollt dem Abend zu,
>die Berge golden funkeln
>und glühn verlöschend bleiche Ruh,
>die Welt erstarrt im Dunkeln.
>
>Ein herbstlich kühles Ahnen tönt
>dir traurig aus dem Herzen,
>wie Leben sich dem Tod versöhnt
>und Lust verrauscht in Schmerzen.

Obervinschger Weiler und Dörfer

Für Schriftsteller sind Weiler und Dörfer abseits der großen Straßen bisweilen faszinierender als die großen Siedlungen. Der schon erwähnte Hansjörg Waldner hat mit seinem Kurztext »Stilleben: still eben« (1993) seinem Geburtsort Monteplair ein kleines Denkmal gesetzt. Monteplair liegt unmittelbar neben Sankt Valentin auf der Haide und wird im Volksmund, wie auch in »Stilleben: still eben«, einfach das Dörfl genannt. Waldners Dörfl-Text ist insofern einer der interessantesten Vinschgau-Texte, als er nicht über das Dörfl hinausgeht: Jeder Vinschgau-Text hat nämlich seinen örtlichen Mittelpunkt, dem ein anderer Ort oder eine entfernte Stadt als Gegenpol gegenübersteht. Nicht so bei Waldners Dörfl: Keine Wege führen nach draußen, und niemand kommt von draußen herein. Das Dörfl ist ein geschlossenes System, das ganz für sich alleine dasteht.

Hansjörg Waldner

Stilleben: still eben

Die Natur hat meinen kleinen Vater
mit einem lauten Schreiorgan ausgestattet.
Als er nicht mehr so jung war und stark,
wurde seine Stimme immer lauter.
Das Dörfl gehörte ihm.
Sein Haus war so klug gebaut,
daß er von der Stube aus alles sehen konnte.
Die Henne des Nachbarn, die gerade
– dumm wie Hennen nun einmal sind –
die Grenze zu seinem Eigentum überschreitet,
den Pfeiffer Toni, der soeben einen kräftigen
Schluck aus dem Brunnenrohr holen muß,
denn vortags war er stockbesoffen,
die Tilla, die keifend und bellend
hinter ihrem Mann die Kurve nimmt.
Der Brunnen gehörte allen Dörflern,
aber er stand auf dem Grund meines Vaters.
Es blieb in seinem Ermessen,
die Vorgänge um die dörfliche Wasserquelle
als privat oder öffentlich zu bezeichnen.
Tata beobachtete die täglichen und evolutionären

Ereignisse mit größtem Gleichmut.
Aber wehe, wehe es passierte etwas seinen Gesetzen
Widersprechendes! Gnade Gott, Gnade dem Dörfl!
Da nahm Kleinvater die Pfeife aus dem Mund,
sagte zu Mama und zu uns Kindern,
alle noch friedlich familisierend:
»I geah mischtn.« Der Mist, den Kühe, Ochsen,
Kälber und Schafe bei der Tränke hinterließen,
gehörte meinem Vater. Da ging er seelenruhig aus der
Stube in seinen Stall gegenüber, nahm die Kruck,
und begann mit der Arbeit. Er schaute nie auf,
blickte andächtig auf die reichlich hinterlassene Ernte.
Mitten drinnen im Mistkratzen ließ er einen
lauten Schrei, daß mehrere Schindeln von den
Dächern fielen. Er schrie, brüllte, fluchte.
Adressaten gab es keine.
Das Dörfl schwieg.
Er kehrte in die Stube zurück.
Wir Kinder, rund um den Rock der Mutter,
zitternd, bebend, ängstlich bittend,
schauten zu ihm hin. Er nahm seine Pfeife,
stopfte *Comune* nach und zog kräftig.
Er sagte nichts, ging von einem Fenster
zum anderen, schickte Mutter und Kinder in die Küche
und regierte weiter.

Ein seltsam verwobener Text ist der »Drillichgesang für M+A+D und für die Edlen von Plawenn« von Uwe Dick. Der Autor ist 1942 in Schongau am Lech geboren, er war eine Zeitlang Redakteur, erhielt 1972 den Bayerischen Staatspreis für Literatur und lebt heute als freier Schriftsteller und Landwirt in Bayern. Dick schreibt boarisch-kraftvoll, seine zahlreichen Gedichte, Erzählungen und Theatertexte arbeiten mit einer Flut von Assoziationen, manchmal aber auch mit der Brechstange. Sein »Drillichgesang« ist 1981 im Gedichtband »Das Echo des Fundamentschritts« erschienen. Der Text ist wie ein Drillich – ein dichtes und festes Stoffgewebe – aufgebaut: Lokale Geschichte und Sagenwelt werden miteinander verknüpft, durchflochten von subjektiven Beobachtungen; Wortneubildungen, Wörter aus der Fachsprache der Weber und der bairische Dialekt stimmen an zu einer opulenten, bisweilen amüsanten Hymne auf den Loden, der das zentrale Thema des Gedichtes ist.

Uwe Dick

Drillichgesang für M + A + D
und für die Edlen von Plawenn

[...]
Übers Knie, grimmer Ortler,
gletschermäuliger Riesenlackel,
übers Knie brech' ich deine Lanzen aus Eis.
Für M+A+D
und für die Edlen von Plawenn.
Höher stieg der Adel nicht in Europa,
als die Freisassen in den Plawennen.
Und das, um mich zu umgarnen!
Im zorngezackten Horizont,
in Schotterschlünden, Wetterzirbengeripp,
in Karen und Kesseln voll Schlangen
suchten sie das Zauberkraut,
das mich jetzt feit.

Eure Stimmen, traumverloren,
euer vegetatives Dösen im Schutze
des Rammers, euren Sommer überm
Wald von Tuleyda, wo die Nörggelen feixen
im Mausgesang, wo die Hexen
Muren lostreten und der Kolkrabe
weissagt im Allvaterblau,
euer Zottelgelock, flauschfaserig,
schwarzbraun und weiß, verspann
Mariana in Planeil.

Kein gewöhnliches Dorf, dies
Winkelwerk zwischen Joch und Joch!
Wetterkreuze für ein ganzes Land.
Zweimal an Wintertagen, so will's
die Spitzige Lun, muß die Sonne
herauf, und zweimal sinkt sie unter.
Hier spann Mariana Grasgesang,
spann Wind und Sterne im klingenden Flug,
Altweiberfäden, Silber vom Punibach

zu festen Stricken, spann auch
Geduld und Dauer in das Gut.

Und dann, bei tauichtem Himmel,
die Wollapfelfracht ins Tal,
die Malser Haide hinab, ins Rebland.
Und durch die Gaulschlucht
nach Oberjaisten. Alois Breitenberger,
so heißt der Mann, der das noch kann:
Zetteln, Tüfteln, daß kein Quer-
oder Längsfaden müßig geht.
Und wenn die Regenschnüre spielen,
Himmel und Erde zu Grau verweben,
mag auch der Schtiadl gittern und
schlagen, mag Strick um Strick
durch's Spannwerk zielen, Kette
und Schuß zum Drillich.

Bei den Geißschellen von Moritzing,
beim Stier von St. Pankraz,
bei der Mooskuh von Lana: Da trollen
sie zahmend und fluchend davon, die
Rheumateufel. In die Klamm als
Wolkenwirbel. Ja, werft mit Hennengold
und Katzensilber, doch sucht euch
einen andern! Denn kaum, daß die
Sonne brennt, läuft das Tuch in der Walk.
Loderer, heiß Wasser drauf!
Daß es filzt, das Gewirk.
Mach es dicht, daß der Wind nicht ein Öhr Durchlaß findet,
daß der Wolf, wenn er beißt,
sichs Maul verreißt!
[...]

Und bei da Anprob?
Grod gschnagglt hots. Schlupfdiwupf,
ogsessn. Wia neigwachsn.

Iatz trau di hea, Sibirischa Schreckvogl!
Näbewoif, wo bistn? Wo schleichstn ummanand?!

Do schaug hi: sogar da Boandlkrama
hintam Hauseck
lupft an Huad. So is recht!

Sois de Leit reißn,
vomiaraus schmeißn,
mi juckt dees need.
Kennts ja im Kaufhaus luusn,
unta Synthetik-Blusn,
schaugts nua recht bläd,
ob eich ebbs schtäht
von dene Serienlappm,
de wos elektrisch pappm,
unsaoans gäht
duach Eiswind und Neid
vonam Lodara gfeit!

Georg Paulmichl gilt als einer der meistdiskutierten zeitgenössischen Südtiroler Autoren. Von Paulmichl, geboren 1960, in Prad aufgewachsen und dort wohnhaft, sind mittlerweile drei Bücher erschienen: »strammgefegt« (1987), »Verkürzte Landschaft« (1990) und »Ins Leben gestemmt« (1994). 1993 hat Paulmichl auf Vorschlag des Schweizer Dramatikers Thomas Hürlimann den Förderpreis der Baseler Goethe-Stiftung erhalten. Obwohl, oder gerade weil, Paulmichl vom Alltagsverständnis her als geistig behindert gilt, faszinieren seine Kurztexte durch ihre seltsam montierten Sätze und ihre ungewöhnlich verknüpften Inhalte. Paulmichl schreibt seine Texte nicht allein und auch nicht selber nieder: Sie entstehen in einem Frage- und Antwortspiel zwischen ihm und seinem Betreuer Dietmar Raffeiner, der Paulmichls Sätze zu Papier bringt. »Matsch« (1990, aus: »Verkürzte Landschaft«) greift geographische, geschichtliche und soziale Sachverhalte aus ihren üblichen Zusammenhängen heraus und setzt sie zu einem neuen Ganzen zusammen.

Georg Paulmichl

Matsch

Hoch über dem Reschentale liegt Matsch mit seiner ganzen Pracht.
Der Friedhof und ein paar Häuser geben Matsch seine Vielfalt.

Die Bauern gehören in Matsch zu den wichtigsten Berufssparten.
Die Wiesen und Äcker ragen steil aus den Berghängen empor.
Matsch ist von Waldbäumen übersät.
In Matsch kann man in den Gasthäusern seinen Durst genießen.
Im Winter, wenn es schneit, bleibt vom Dorfe keine Spur mehr übrig.
Das ganze Tal ist dann weiß gehüllt.
Die Musikkapelle und die Volksbühne sorgen in Matsch, daß die Kultur nicht untergeht.
Auf der Matscher Alm können die Kühe ihre Mäuler vollgrasen.
Einst demolierten die Matscher Raubritter alles dem Erdboden gleich.
Heute erzählt man die Raubrittergeschichten den Kindern zur Unterhaltung.

Ganz anders und für heutige Leser ziemlich pathetisch-verschroben klingt der nächste Text, der auf das Bergdorf Schlinig im gleichnamigen Seitental bei Mals Bezug nimmt. Der Autor ist Beda Weber, der durch sein dreibändiges Hauptwerk »Das Land Tirol« (1837/38) vor allem als heimatkundlicher Reiseschriftsteller bekannt ist. Wenig bekannt sind seine Predigten, die 1851 erschienen sind und sich oft auf die Landschaft der Predigtorte beziehen. Johann Chrysanth Weber kam 1798 in Lienz zur Welt, er trat 1820 ins Benediktinerstift Marienberg ein und erhielt seinen Ordensnamen Beda, 1824 wurde er zum Priester geweiht. Ab 1848 lebte er als Stadtpfarrer und Tiroler Parlamentarier in Frankfurt am Main, wo er 1858 starb. Liebenswürdig an seiner Schlinig-Predigt ist die Vorstellung, daß Bewohner eines Bergdorfes wegen der hohen Berge, die jene umgeben, gezwungenermaßen oft zum Himmel sehen und daher ausgesprochen fromm sind.

Beda Weber

Predigt
am Feste des heiligen Antonius, des Einsiedlers, zu Schlinig an der Gränze zum Engedein. 1826

Lieben Brüder! Gleich im Eingange meiner heutigen Predigt will ich euch von euren Voreltern etwas erzählen, was ihr vielleicht noch nie gehört habt. Eure Voreltern sind sehr fromme und gottesfürchtige Leute gewesen. Sie haben ihre ärmlichen Hütten in diesem engen Tale aufgebaut und sich dabei zu Gemüthe geführt, was wir alle täglich bedenken sollten. Unser Bleiben auf Erden dauert nur eine kurze Weile; und dann bricht ein Tag an, der uns aus den brechlichen Hütten des engen Thales hinausführt in ein weitausgebreitetes Land des Friedens und der Freude, das mit himmlischen Gütern geschmückt ist, und unser ewiges Erbtheil werden soll. Sie bauten mit rastloser Anstrengung ihre Felder in der Tiefe, und hüteten mit ausdauernder Geduld ihr Vieh auf steiler Alpenweide; denn bei all ihrer Arbeit tröstete sie der Gedanke: Wir sind zwar hier ringsum von Felsen eingeschlossen und keine herrliche Aussicht erquickt unser Auge; aber die unübertreffliche Aussicht zum blauen Gewölbe des Himmels steht uns offen, welche uns früh und spät wie ein milder Thau das welke Gras erfreut, welche uns stets mit zarter Freundlichkeit ermahnt, daß wir unseren unsterblichen Geist nicht überschütten mit den engherzigen Sorgen für's Zeitliche, sondern himmlischgesinnt wie die Heiligen Gottes durch Tugend und Unschuld aufwärts trachten, wo Christus sitzt zur Rechten Gottes. Sie lebten sorglos und zufrieden unter dem Schutze des allversorgenden Gottes und kümmerten sich wenig, daß ihr heimatliches Dorf von den übrigen Bewohnern unseres Vaterlandes gleichsam abgeschieden und in den äußersten Winkel desselben hinausgerückt, hart an der Gränze eines fremden Landes liegt; denn sie waren überzeugt von der tröstlichen Wahrheit: Wo wir immer leben und athmen, sieht uns das allsehende Auge Gottes; Gott ist unser vielgetreuer Mittler und gnädiger Beschützer, daß wir sicher und wohlgemuth wohnen in unseren Hütten und kein feindliches Ungemach uns erschrecke. Jede Thräne, die wir weinen, hat er gezählt und keine ist verloren für das ewige Leben; jeden Schweißtropfen, den wir vergießen, hat er gewogen, und keiner ist verloren für die himmlische Freude; jedes herzdrückende Leiden, das uns heimsucht, hat er berechnet, und alle Seufzer des geängsteten Herzens hat er gehört; für alles und jedes gute Werk erwartet uns einst am Ende der irdischen Laufbahn eine überherrliche Krone in der Wohnung aller Heiligen Gottes. [...]

Wir verlassen die kleinen Vinschger Dörfer und kommen nach Mals, wo der aus Schwaz in Tirol gebürtige Schriftsteller und Arzt Hans Matscher (1878–1967) die Wagenfahrt »Auf'm Stellwagen« (1937) ihren Anfang nehmen läßt. Man konstruiere die folgende Situation: Zu einer Zeit, da noch ein Stellwagen, eine Art größere Kutsche, den Personentransport verrichtet, hört ein junger Vinschger Webers Predigt und entscheidet sich fürs Theologiestudium in Brixen. Er fährt los in Mals, ein nettes Mädl gesellt sich zu ihm, und die Sache nimmt ihren Lauf ...

Hans Matscher

Auf'm Stellwagen

Nicht gerade mit jener erhabenen, gottseligen Stimmung, wie ich es mir immer geträumt hatte, sobald ich diese Fahrt unternehmen würde, rührte ich auf der Veranda des Hotels »Post« zu Mals im Frühstückskaffee herum. Doch immer wieder warf ich durch die Fenster einen Blick auf den Ortler, den man von da aus in seiner vollen Pracht zum letzten Male sieht.

In seiner himmelragenden weißen Abgeklärtheit war mir dieser Berg stets wie ein Vermittler zwischen Himmel und Erde erschienen, zwischen dem gnadenumstrahlten Höhenthrone Gottes und den dunklen, menschenbewohnten Tiefen zu seinen Füßen. So recht das Vorbild meines künftigen Berufes: Mittler zu werden zwischen Gott und den Menschen im geheiligten Priestertume.

>»Mei Mutter sehet's gern,
>I sollt a Geistli wer'n,
>Sollt die Diandeln lassen,
>Dös waar' ihr Begehr'n.«

Wohl, der Mutter stolzer Traum war »a geistlicher Herr«. Ja, ein Herr, der Herr über Lebendige und Tote ... Diandeln, ich habe keine zu lassen gehabt. Bin ein verschüchterter Bursch gewesen auf der ganzen »G'studi«, und die Mädeln haben gern Keckheit und Schneid. Bin ein langweiliger, »hartmauliger« Mensch gewesen, und die Mädeln lieben einen frischen Spaß. Und weil ich es habe mitansehen müssen, wie manch ein leichter Schlingel um ein lustiges Wörtl, um ein bißl Schneid von einem hübschen Mädel ein Busserl und noch mehr gekriegt hat und nur ich niemals, da ist es mir zu Sinn gekommen: ich kann sie nicht leiden, diese sündigen Töchter Evas, die ihrer Mutter nur das eine abgeguckt haben, den Adam aller Zeiten durch ihre fleischlichen Reizmittel zu verführen ... Aber ein »Herr« werden, herunterdonnern von der Kanzel in dies Sodoma und Gomorrha, daß sie klein werden unter der Last ihrer Sünden, ja, dann kommen sie und küssen einem in Verehrung die Hände, aus denen sie Entsühnung und Gnade empfangen.

Noch einen letzten Blick tat ich auf den sonnenumklärten Ortler, bestieg den Stellwagen und setzte mich auf den hintersten Platz, um Abschied zu nehmen von der entschwindenden Heimat.

In Spondinig stand ein Rudel Mannsbilder beisammen, natürlich um ein Frauenzimmer. Immer die alte Geschichte! Ich schaute nicht hin, aber hören konnte ich:

»Also, Fräulein Kathi, es wär' zu schön gewesen!«

»Katherl, auf's Wiederschauen in Meran«, flötete ein Befrackter.

»Pfiat Gott, Kathl«, grinste der Hausmeister.

»Kathinka, schicken S' mir a Kartl, herzpostlagernd!«

Und so weiter.

Der Herr möge mich behüten vor dieser Tochter Babylons!

Doch der Herr mochte nicht, denn das Weibsbild stieg ausgerechnet zu mir herauf, belegte den Außenplatz mit ihrem Kofferl und kam so gerade neben mir zu sitzen. Ich zog rasch ein Buch aus der Tasche und begann zu lesen. Doch so ein Stellwagen schüttelt seine Gäste durcheinander, und das Mädel puffte mich mit dem Ellbogen immer wieder in die Seite. Ich rückte weiter nach außen.

»O ich danke! Ich habe schon Platz. Wie weit fahren denn Sie?« begann sie anzuknüpfen. Principiis obsta, sagt Ovid: Widerstehe gleich von Anfang an. Darum knurrte ich: »So weit der Wagen geht.«

»Schad', daß er mit Ihnen nicht noch ein Stückl weiterrollt.«

Ich vertiefte mich wieder in mein Buch.

Nach einer Weile gähnte sie: »Gott, ist das langweilig! Sie sind ein fader Kerl! Am End' studieren S' gar Theologie oder wie man das heißt, wenn man andere will heilig machen.«

»Ich habe das Glück.«

»Na ... wissen S' ... Glück? ... Ich möcht' keine Klosterfrau werden.«

»Es ist auch nicht jede dazu berufen.«

»Da haben S' recht. Ich spür' einmal gar nichts davon. Was lesen Sie alleweil, ein Gebetbuch oder die Heiligenlegend'?«

»Ich bete für mich und andere arme Sünder.«

»Da können S' mich ja gleich fest einschließen.«

»Bereuen Sie? Haben Sie ...«

»Ich bitt' Sie, fangen Sie da auf'm Stellwagen nur nicht zu predigen an! Überhaupt Sie ... und predigen? So ein fescher, netter Bursch. 's Schnurrbartl wachst Ihnen auch schon.«

Solches hatte mir noch keine gesagt. Fast hätte ich in aufglimmendem Stolz mein keimendes Bärtchen gedreht. Mit etlichen scheuen Seitenblicken schaute ich jetzt erst das Mädel an. Ja, es ist hübsch ... wunderhübsch!

Doch es steht geschrieben, der Teufel fange mit hübschen Weibern die Seelen ein. [...]

Sie rückte wieder ganz dicht an mich heran. Ich saß zu äußerst und konnte nicht mehr ausweichen. Krampfhaft begann ich zu lesen, sah die Buchstaben, die Worte, aber ich faßte den Sinn nicht. Und der Wagen humpelte über Schotter und Wasserkehren, rüttelte uns zusammen, ein niegekanntes prickelndes Gefühl erfüllte mich, überzog meinen ganzen Körper, den es hindrängte zu dem Mädel, daß ich mit einer Hand die Eisenstütze des Daches umklammerte. Nun steckte sie gar den Kopf in mein Buch, ihr Kraushaar berührte meine Schläfen, darin es hämmerte und pochte, ihre Wange ruhte fast an meiner, ihr Atem ... ein Duft stieg aus ihrer Bluse, zwei ...

»Herrgott im Himmel«, begann ich bebend leise zu beten, »führe mich nicht so in Versuchung! Deinem Dienste habe ich mich geweiht! Ich sehe, du willst deinen Diener prüfen, ob er würdig sei. Hilf mir, daß ich stark bleibe!«

Ein spöttisches Lachen: »Aba geh', Satanas! Sie armes Hascherl! Ich will Sie nicht weiter plagen und auf den Ruhm verzichten, in die Geschichte Ihres heiligmäßigen Lebens als teuflische Verführerin einzugehen. Die Versuchung des Heiligen Ypsilon auf einem Stellwagen zwischen Mals und Schlanders und wie der Heilige die Teufelin abgeschlagen und sonder Makel, weiß und rein wie ein Osterlamperl, in der Stadt Meran von selbigem Vehikel gestiegen. Satanas geht schon.«

Sie rückte von mir weg. Ärgerlich klappte ich das Buch zu und schaute auf die andere Seite. So rumpelten wir schweigend dahin. [...]

»Ich weiß ganz gut«, hub jetzt das Mädel an, »Sie denken von mir, ich sei verdorben, ein Höllenbratl. Es ist nicht so arg damit. Eine glitzernde Unschuld wie der blütenweiße Ortler bin ich freilich auch nicht mehr. Ich nimm halt das Leben, so lang' es geht, von der lustigen Seite und hab' mich zu Ihnen heraufgesetzt in der Meinung, der fesche Bursch wird mir ein bißl die langweilige Fahrerei kürzen helfen. Es gibt nämlich auch ganz lustige Theologen. Aber da sind S' dann dagesessen wie ein vor lauter Heiligkeit von oben bis unten gefrorener Eiszapfen, und es hat mich gelüstet, den kalten Klotz an meiner Wärme ein bißl aufzutauen. Und ...?«, sie blinzelte mich schelmisch an, »es wär' mir fast gelungen, wenn Sie mich nicht in Ihrer Not erbarmt hätten. Mir kommt vor, Sie haben verzichtet und wissen nicht einmal auf was? Hat Sie schon einmal ein Mädel geküßt?«

»... Nein.«

»O du entsagender Held! Da ... da ... Du! ... Du lieber, dummer Kerl, du ...«

Wie Feuergarben strömte es durch meine Adern, wie Leuchtkugeln tanzte es vor meinen Augen, wie Raketen schossen wirre, heiße Gedanken mir durch den Kopf, wie in einem glutroten bengalischen Nebel schien mir alles zu schwimmen, und als ich in diesem Feuerwerk einigermaßen wieder zu Sinnen kam, da hielt ich das Mädel fest umschlungen und tat nun selber weiter, womit es angefangen hatte.

Und es begann in mir zu dämmern, warum ich nicht in erhabener, gottseliger Stimmung zu Mals die Fahrt begonnen hatte, die mich in's Verzichten führen sollte.

Von Meran ging ein Brief an meine Mutter, daß ich an der Bischofsstadt Brixen vorüberfahren würde, um anderswo Naturwissenschaft zu betreiben.

Denn es gab noch einen anderen Vermittler zwischen Himmel und Erde als den Ortler: das Weib und seine Liebe.

Ein stilles Nest

Das Städtchen Glurns ist ein literaturgeographischer Fixpunkt im Vinschgau. Das mag mit seiner facettenreichen und turbulenten Geschichte zu tun haben: 1294 wird das damalige Dorf von Meinhard II. in Konkurrenz zum bischöflichen Markt Münster zum Markt erhoben und 1304 zur Stadt, es folgen zwei Jahrhunderte wirtschaftlicher Blüte, bis Glurns im Engadiner Krieg von 1499 niedergebrannt wird. Kaiser Maximilian I. veranlaßt daraufhin – leider etwas spät – den Bau der heute noch bestehenden Stadtmauer. Doch Glurns verliert zu Beginn der Neuzeit seine Bedeutung, brennt 1664, 1732 und 1799 ab und verkommt zu einer bitterarmen Stadt von Ackerbürgern. Ende der Sechziger in unserem Jahrhundert wird mit einer großen Stadtsanierung begonnen, die Jahre dauert und die Stadt in neuem Glanz erstehen läßt. Wer nur das heutige Glurns kennt, der wundert sich, daß Rudolf Greinz die Stadt als »stilles Nest« abtut und Norbert C. Kaser von einer dreckigen Tiroler Perle spricht und das Leben darin mit einem eingeschlafenen Fuß vergleicht.

Rudolf Greinz

Das stille Nest

Glurns im Vintschgau.
 Anfangs der achtziger Jahre.
 Die Sonne hat eine eigenartige Kraft, stille Nester zu vergolden. Es ist, als ob sie all die verwitterten Mauern mit ihrem ewigen Licht trösten wollte über die Vergänglichkeit der Zeiten.

So ergießt sie ihre breiten Fluten auch über die Mauern, Türme und Dächer von Glurns, ihnen einen Schimmer verleihend, den sie lange nicht mehr besitzen. Sie schlägt leuchtende Brücken vom Himmel zur Erde und dort wieder Brücklein und Bogen und schmale Stege von einem Gemäuer zum andern.

Abseits von der Heerstraße, die durch das Vintschgau von Meran nach Landeck führt, liegt die altersgraue Tiroler Stadt. Auch die Bahn, die seit kurzem Meran mit Mals verbindet, hat das stille Nest abseits liegen lassen.

Drunten in der breiten Talsohle, in einer halben Stunde von Mals leicht zu erreichen, hat sich das kleine Juwel mitten in Obstanger und Wiesen gebettet, als ob es so recht ungestört bleiben wolle durch neubegierige Wanderer. Es ist die Miniaturausgabe einer alten Stadt, aber als solche vollendet. Sie läßt gar nichts vermissen, was unsere Phantasie verlangt. [...]

Mit diesen Absätzen beginnt »Das stille Nest«, ein Roman von Rudolf Greinz, der 1907 erschienen ist und in Glurns spielt. Mit den »achtziger Jahren« sind natürlich jene des vorigen Jahrhunderts gemeint, und die Phantasie, die Greinz anspricht, läßt sich nicht lumpen. Auf knapp 400 Seiten entfaltet sich eine spannende Geschichte, »eine perfekte Mischung von Sex, Crime und Antiklerikalismus«, wie Paul Flora den Roman charakterisiert.

In einem stattlichen Bürgerhaus am Glurnser Stadtplatz wohnt der Notar Julius Erlacher mit seiner Familie. Hans, sein ältester Sohn, hat kürzlich am Meraner Gymnasium maturiert und genießt jetzt die Sommerferien. Zwischen ihm und Fanni, der Tochter vom benachbarten »Gasthaus zum Lamm«, erwacht die Liebe. Das Städtchen gerät plötzlich in Aufregung, als bekannt wird, daß der Notar Erlacher verhaftet worden ist. Erlacher gesteht: Er habe größere Summen veruntreut, um kostspielige Behandlungen für seinen schwer kranken jüngsten Sohn Pepi zu finanzieren. Stunden später erhängt sich Erlacher in seiner Zelle. Der Pfarrer ist laut Kirchenrecht gezwungen, dem Notar ein kirchliches Begräbnis zu verweigern. Da nützt auch nichts, daß dessen Frau Maria, eine geborene von Lindenthaler aus Meran, eine fleißige Kirchengängerin ist und sein Schwager, der Monsignore Georg von Lindenthaler, ein hoher kirchlicher Würdenträger. So wird sein Leichnam am frühen Morgen in der Ecke des Friedhofs vergraben. Jemand hat verbotenerweise ein paarmal die Kirchenglocken angeschlagen ...

[...] Hans Erlacher hatte sich bald nach dem Begräbnis von zu Hause fortgeschlichen. Das Herz war ihm übervoll. Weinen wollte er. Sich ausweinen. Ungesehen und ungestört.

Er lief, sobald er sich außerhalb der Stadtmauern befand, hinauf ins Glurnser Waldele. Dort war er allein und konnte sich ungesehen seinem Schmerz überlassen.

Er warf sich auf den noch taufrischen Rasen und heulte wie ein wundes Tier. Laut, ungestüm, wild. Wie rasend vor Schmerz biß er in Gras und Moos. Sein ganzer Körper zuckte und bebte.

Denken konnte er nichts. Er hatte nur das Bedürfnis, zu weinen. Den Schmerz, alles Unglück, alle Schmach und Schande wegzuweinen.

Wie lange er so gelegen hatte, er wußte es nicht. Er hörte und sah nichts, was um ihn vorging.

Plötzlich spürte er, wie ihn jemand leicht berührte. Er schrak empor und richtete sich zu halb liegender Stellung auf. Sein Gesicht war über und über naß vom Weinen und glühend rot. Er hatte etwas rührend Knabenhaftes in seinem Schmerz.

»Du, Fanni?« frug er verwirrt, als er das Mädel gewahrte, das ruhig neben ihm saß und mit dem linken Arm ihre Knie umschlungen hielt.

»Bist du schon lang da?« frug Hans stockend und wischte sich ganz nach Knabenart mit dem Rockärmel über sein verweintes Gesicht.

»So a Viertelstund' epper!« sagte das Mädel und fuhr ihm mit der Hand leise über den Kopf.

»Warum – warum – bist denn zu mir kommen, Fanni?« frug er. Seine Stimme zitterte noch immer vom Weinen.

»Ich hab' dir aufpaßt, wo d' hingehst nach der Leich'. Und bin dir hoamlich nachgangen –« sagte sie einfach. »I hab' mir's ja denken können, daß du di' ausrear'n muaßt, armer Bua du!« Dabei fuhr sie mit ihrer kleinen braunen Arbeitshand liebkosend über Stirn und Wangen des jungen Burschen.

Hans barg seinen Kopf in ihrem Schoß und weinte leidenschaftlich. Das Mädel ließ ihn gewähren, störte ihn mit keinem Wort und rührte sich nicht. Wie eine junge Mutter saß sie da, die ihr Kind in seinem ersten großen Schmerz tröstet.

»Fanni, Fanni, ich hab' geglaubt, ich muß dem Vater nachspringen ins Grab! So geschämt hab' ich mich!« schrie er wild heraus.

»Rear' di' lei aus, Hans! Dös tuat dir guat!« redet ihm das Mädel zu.

»Eine Schand war's und eine Schmach! Dös hat der Vater nit verdient, Fanni!«

»Naa, dös hat er nit verdient!« sagte das Mädel leise. [...]

»Wo bist du g'wesen, während –« frug er.

»I hab mi' hinter der Totnkapell'n versteckt. Und wia ös den armen Häuter ummitrag'n habt's in sein' Armensünderwinkele, bin i g'schwind in die Kirch'n eini g'rennt [und hab' g'läutet].«

»Du ... du hast g'läutet?«

»Ja. I hab's nit mit ansehen können, daß dei' Vater ohne Glocken eingraben wird! Und weil's der Messmer nit tan hat, drum hab' i's tan. Es hat aa gar nit so übel geklungen?« fragte sie und lächelte ein wenig dabei.

»Du – Fanni, du?« rief Hans, ergriff in heißer Dankbarkeit ihre Hände und küßte sie leidenschaftlich. »Vergelt's dir Gott z' tausendmal, du gut's Mädel du, daß du so zu mir haltest, so treu ...« Hans konnte nicht mehr weiter. Tränen erstickten seine Stimme. Diesmal aber ruhige, wohltuende, erlösende Tränen.

»Iatz tua decht nit a so! Da is ja nix dahinter g'wesen. I hab' selber den größten Zorn g'habt auf dö Schädel, dö eigensinnigen!« sagte sie. »Aber i bin decht die Gscheutere g'wesen. Sei' Glock'n hat er g'habt dei' Vater selig!«

»Fanni, du Engel! Du guter Kamerad! Du ... du ...« Hans hatte sich vor sie hingeworfen und umschlang das sitzende Mädel wild und leidenschaftlich. »Wie soll ich dir das je vergelten? Du hast zu mir g'halten! Du g'hörst zu mir! Wir zwei wollen immer zusammenhalten! Gelt, Fanni?«

Er hatte das Mädel stürmisch an sich gepreßt und bedeckte ihr das Gesicht und die Hände mit glühenden Küssen. Fanni, von seiner Leidenschaft mit fortgerissen, umschlang den jungen Burschen mit ihren kräftigen braunen Armen und erwiderte heiß und innig seine Küsse. [...]

Hans, der eigentlich Medizin studieren wollte, soll Priester werden: Einerseits würde ihm in einem bürgerlichen Beruf der durch Vaters Freitod entehrte Ruf der Familie wenig förderlich sein, andererseits soll durch Hansens Priestertum die »schwere Schuld« seines Vaters gesühnt werden. So hat es Monsignore von Lindenthaler, der Onkel von Hans, beschlossen. Hans, der Fanni liebt, will in seines Onkels Plan nicht einwilligen. Monsignore von Lindenthaler zwingt Fanni den Schwur ab, Hans freizugeben: Eben weil sie Hans liebt, sei sie verpflichtet, alles für ihn zu tun, auch wenn sein Glück ihr Unglück bedeutet. Schwersten Herzens bricht sie mit Hans, der sich – von Fanni verlassen – in seinem Herzschmerz dazu entschließt, ins Trienter Priesterseminar zu gehen. Jahre später – Hans hat gerade Urlaub – entflammt die alte Liebe zwischen den beiden mit neuer, ungekannter Heftigkeit. Drei Tage vor seiner Weihe zum Priester erfährt Hans aus einem Brief von Fanni, daß diese von ihm ein Kind erwarte. Kurz darauf kommt er in sein heimatliches Glurns, wo er von der Stadtbevölkerung mit Jubel zu seiner Primiz empfangen wird. Er hört auch, daß Fanni inzwischen einen Sohn zur Welt gebracht hat, schämt sich aber zwei Wochen lang, Fanni zu besuchen.

[...] Es ließ Hans keine Ruhe mehr.

In der Frühe, sobald er mit der Messe fertig war und gefrühstückt hatte, ging er hinüber zum Gasthaus Lambl. Er mußte mit Fanni sprechen, mußte erfahren, wie sie über ihn dachte.

Im Hause beim Lambl war es still. Nichts regte sich. Hans ging hinaus auf den Anger, um Fanni zu suchen.

Sie saß im Schatten eines Baumes auf einer kleinen niedrigen Holzbank. Im Schoß hielt sie ein färbiges Bündel. Ihre Mutter stand dabei und redete eifrig auf sie ein. Fanni schüttelte den Kopf und sah Hans entgegen. Ruhig und fest, als hätte sie ihn erwartet. Keine Spur von Aufregung oder Überraschung zeigte sich in ihrem Gesicht.

Nun bemerkte auch die Lamblwirtin den jungen Priester.

»Hochwürden, die Ehr'!« rief sie und lief Hans Erlacher entgegen. Dabei wischte sie sich schnell ihre Hände, die sie nun einmal fortwährend im Verdacht hatte, daß sie schmutzig seien, an ihrer dunkelblauen Schürze ab.

»I hätt' mir's nit denkt, daß Sie uns aa die Ehr' antun, Hochwürden, und zu uns kemmen –« sagte sie, indem sie dem jungen Geistlichen die Hand küßte. »Wollen's nit a bissel einer giah'n in die Stub'? Oder sein's liaber am Anger draußen? Sie müassen Ihnen halt nit schrecken. Sie wissen's schon, dös Unglück mit der Fanni, gelten's? All's muaß mi' treffen! I hätt' wohl amerst Not und Elend g'nua! Aber naa, dö Schand muaß aa no' kemmen über mi'! Den guat'n Namen muaß i einbüaß'n! 's Madl kimmt mir hoam mit an Kind!« Weinend hielt sie die Schürze vor die Augen. »So a Schand'! So a Schand'!« heulte sie.

Hans stand vor ihr in tödlicher Verlegenheit und wußte nicht, was er sagen sollte.

»Was i schon g'reart hab' dessentwegen! Sie können mir's glab'n! Völlig nimmer treast'n kann i mi! Dös is gar das Ärgste, zu allem Unglück, dös man hat, no' so a Schand! Und wissen's, was mi' gar a so verdriaß'n tuat? Grad' soviel verstockt is's Madl. Koa Reu' hat sie, koa bissel nit! 's is zum Gottderbarmen! Nit amal den Vater vom Kind gibt sie an! Iatzt sitzt sie da mit dem Balg, woaß koan' Vater nit zum Angeben, und Alimenter kriagt sie natürlich aa koane!« schimpfte und jammerte die Wirtin. »Iatz kann i für den Fratz'n aa no' herhalten!« rief sie empört und warf wütende Blicke zu Fanni hinüber.

»I versorg' mir's Kind schon selber, Muatter! Sei nur ruhig!« sagte Fanni da laut. »I zahl' ja dafür. Nur bei enk sollt's es b'halten. I kann's ja nit mitnehmen in Dianst!«

»B'halten? Dös kennen wir, dös B'halten! Du schickst recht a Geld dafür! Verluadern tuast es, dei' Geld und an neuen Fratz'n bringst mir daher!« keifte die Lamblwirtin mit schriller Stimme. »Gib ihn an, den Hallodri! Zahl'n soll er, der Fallot, der elendige!«

Hochrot vom Zorn stand das Weib vor ihrer Tochter. Fanni war aufgestanden. Fest hielt sie ihr Kind an sich gepreßt.

»Muatter! Der Hochwürdige is da. Dös vergißt!« sagte das Mädel ruhig.

»I bitt' tausendmal um Verzeihung, Hochwürden! I hab's wirklich ganz vergessen, daß Sie da sein!« entschuldigte sich die Lamblwirtin. »Aus der Haut möcht' oans fahren vor Wuat und Zorn! Gehn's, Hochwürden, sein's so guat, und reden's ihr zua, daß sie den Vater angibt! Sie kennen die Fanni ja von kloan auf und hab'n alleweil g'spielt damit. Vielleicht derrichten Sie was bei ihr. Vielleicht schamt sie si' do' a bissel vor Ihnen. Sie sein ja iatz a g'weichter Hearr. Vielleicht hilft dös eppes, bald Sie damit red'n!« bat die Lamblwirtin. »I laß Ihnen g'scheuter alloan damit. Mi' packt decht grad' wieder der Zorn, wenn sie so störrisch is!«

Die Wirtin reichte Hans ihre Hand hin und ging langsam in das Haus.

Hans war die ganze Zeit über schweigsam und verlegen dagestanden. Er wagte kaum das Mädel anzusehen. Bei den Schimpfworten der Wirtin, die ihn wie Peitschenhiebe trafen, stockte ihm der Atem. Alles Blut wich ihm aus dem Gesicht.

Dann schämte er sich, als Fanni so ruhig der Mutter Einhalt gebot. Das Mädel hatte viel mehr Mut und Charakter, als er – sagte er sich. Und unwillkürlich legte er sich die Frage vor, ob sie an seiner Stelle so handeln würde wie er.

Jetzt standen sie sich im Anger allein gegenüber. Finster blickte das Mädel auf ihr Kind.

»Fanni!« Hans näherte sich langsam.

»Was denn?« frug sie kurz.

»Bist mir bös?«

»Es hat di' nit sonderlich verlangt, dei' Kind z' sehen!« sagte sie scharf.

Hans senkte den Kopf und schwieg. Fanni setzte sich wieder in den Schatten des Baumes und legte das Kind in dem verschnürten Polsterbündel neben sich auf die Bank.

»Da schau' dir's an, dei' Kind, wia's ausschaut!« sprach sie dann. »I muaß lachen, so schaut's dir gleich! Die Leut' sein dumm. Dös muaß i sag'n. Da fragen's um den Vater, und brauchetn do' grad' amal 's Kind guat anz'schau'n.«

Hans blickte auf das kleine Wesen. Mit großen blauen Augen sah es aus einem krebsroten Gesichtchen verwundert in die Welt. Er konnte nicht viel Ähnlichkeit mit sich selbst entdecken. Die Augen. Ja, das waren seine Augen, die er vom Vater hatte.

Ein merkwürdiges Gefühl überkam ihn. Das war also sein Kind. Ein Teil von ihm. Und er? ... Er verleugnete seinen Sohn. Er schämte sich, daß dieser überhaupt auf der Welt war. Er mußte ihn ja verleugnen ... Ein Sündenkind ...

»'s wär' alles recht –«brach da Fanni die Stille – »wenn i nur wissen tät', wo i den Wurm unterbring'. Die Mutter will ihn nit. Das hast ja selber g'hört. Und wenn's ihm schlecht ging' ... es is ja do' mei' Kind! I hab's gern, und i verleugn's nit!« sagte sie bitter.

»Fanni, du weißt ja ... ich kann ... ich darf ...«

»Ja, ja. I weiß schon. Das tuat mir aa nit weh. Aber daß du's übers Herz hast bringen können, zwei ganze Wochen in Glurns zu sein ... und daß es di' nit einmal hergezogen hat zu dein' Kind ... das, Hans ...«

»Fanni!«

»Ja, das hat mir weh tan! I hab' di' gern g'habt, Hans. Und es reut mi' nit, was i tan hab'. I hab' viel durchg'macht seit der Zeit. Aber wenn i's Kind anschau', dann vergiß i's gern. Ja. I hab' a Freud' an dem Kind, weil's dei' Kind is, Hans. Und so hab' i mir denkt, müaßtest du aa fühlen, Hans. Aber da hab' i mi' getäuscht.«

»Ich fühl' ja auch so, Fanni, wie du. Aber du weißt ja. Wenn es aufkäme! Ich will dich nicht verlassen, dich und das Kind nicht. Ich will sorgen für mein Kind. Ganz gewiß, Fanni. Du kannst mir's glauben!« beteuerte der junge Geistliche erschüttert.

»I brauch' dei' Hilf' nit! I bring' mir's Kind schon allein durch!« sagte das Mädel trotzig.

Eine Weile war es still zwischen den beiden. [...]

»Gib mir's einmal, Fanni!« bat er und nahm behutsam das kleine Bündel in Empfang. Gerührt schaute er auf das Kind nieder. »Was er für ein kleines Naserl hat!« bewunderte er. »Und's Munderl!«

»Gelt, herzig?« meinte sie und schaute Hans stolz an. »Und lachen kann er aa schon. Das solltest amal sehn'n! Lachen tuat er akk'rat wia du!«

»Warum heißt er denn eigentlich Ferdinand?«

»Mir is nix G'scheuters nit eing'fall'n. Am liabsten hätt' i'n natürlich Hans g'heißen. Aber ... du weißt schon ...«

»Ja freilich!« nickte Hans. »Arm's Bubele!« sagte er dann und drückte einen innigen Kuß auf das kleine Gesichtel des Kindes.

Ein lautes, kräftiges Räuspern knapp hinter den beiden. Erschrocken sprang der junge Geistliche in die Höhe. Fast hätte er das Kind fallen lassen. Fanni hatte es nur noch rasch auffangen können.

Hinter den beiden stand, als wäre er plötzlich aus dem Erdboden aufgetaucht, der Domherr von Lindenthaler. Groß, schwarz und hager stand er da und blickte zuerst Hans und dann das Mädel strafend an.

Darauf wandte er sich, ohne ein Wort zu sprechen, wieder ab und schritt langsam dem Ausgang des Angers zu. [...]

Drüben in der Wohnung der Frau Erlacher wartete der Domherr im Wohnzimmer auf seinen Neffen. Er brauchte nicht lange zu warten. Hans betrat kurze Zeit nach dem Onkel das Zimmer.

»Auf ein Wort, Hans!« sagte der Domherr kurz und ging auf sein eigenes Zimmer. Klopfenden Herzens folgte ihm der junge Geistliche. Mit gesenktem Haupt stand er nun vor dem Monsignore.

»Ich verbiete dir als dein Vorgesetzter, dich mit Dirnen öffentlich zu zeigen!« sprach der Domherr, als sich die Türe hinter den beiden geschlossen hatte.

»Und ich verbiete dir, in diesem Ton über das Mädchen zu reden!« fuhr nun Hans empört auf. »Fanni ist keine Dirne!«

»So? Du willst mir das verbieten? Du vergißt, wer vor dir steht! Du vergißt, wer du bist und was für ein Kleid du trägst? Ich finde deine Aufführung geradezu skandalös!« fuhr der Domherr in scharfem Tone fort.

»Ich habe mir nichts zu schulden kommen lassen, als daß ich ein unschuldiges Kind geküßt habe!« verteidigte sich Hans.

»Ja! Großartig sah das aus!« höhnte der Domherr. »Ein Priester in schwarzem Talar sitzt neben einer Dirne und hält zärtlich deren Brut im Arm. Ein großartiger Anblick!«

Der Hohn reizte Hans auf das äußerste. »Onkel, hüte dich!« preßte er heraus. »Fanni ist keine Dirne!«

»So? Weißt du das so genau?«

»Ja! Und ihr Kind ist mein Kind! Nun weißt du's!« stieß der junge Geistliche hervor.

»Ha! Ha! Ha! Ha!« lachte Georg von Lindenthaler kalt.

»Onkel!« Hans rief es wild, bebend vor Zorn.

»Ein sauberer Patron bist du! Das muß ich sagen! Läßt dich von der ersten besten Dirne einfangen!«

»Sie ist keine Dirne! Das weißt du vielleicht besser als ich!« schrie Hans.

»Pst! Pst! Leise, junger Mann! Nur keinen Skandal! Ich soll das wissen? Ja woher denn?«

»Glaubst du, ich weiß es nicht, welche Ränke du gebraucht hast, um mir das Mädel abspenstig zu machen und mich in den geistlichen Beruf zu treiben!«

»So? Das hat sie dir erzählt? Sie hat also ihren Schwur nicht gehalten!«

51

»Ja! Sie hat ihn gehalten! Erst viel – viel später hat sie mir's erzählt!«

»Es war zu deinem Glück, Hans, daß ich so handelte!« sprach der Domherr.

»Nein! Du hattest kein Recht dazu, in das Schicksal zweier Menschen mit rauher Hand einzugreifen! Die Fanni und ich, wir waren doch füreinander bestimmt! Heute fühl' ich's vielleicht mehr, wie je vorher!«

»Da hättest du am Ende gar nicht übel Lust, nun auf einmal das geistliche Kleid abzuwerfen und mit der Herzallerliebsten und dem Bengel auf und davon zu rennen!« höhnte Georg von Lindenthaler und lehnte sich bequem gegen die Fensterbrüstung.

»Onkel! Ich bin nicht zu Späßen aufgelegt! Das Kind ist mein Kind! Und ich bin für seine Existenz vor Gott verantwortlich!« sprach Hans gequält.

»Unsinn, Hans! Du bist doch sonst ein so praktischer Mensch –« lenkte der Domherr ein. »Laß dich doch wegen des Gewinsels eines Weibes nicht aus dem Geleise bringen! Bedenke, was für dich auf dem Spiele steht! Bei mir wird es ja auf ewig verschwiegen bleiben! Aber noch ein paar solche Unvorsichtigkeiten, und du bist öffentlich blamiert! Du bist jung. Ja. Ich verstehe das junge Blut und die junge Leidenschaft. Die dürfen jedoch nicht mit dem Verstande eines Menschen durchgehen. Namentlich nicht bei einem Menschen in deinem Beruf, der der Welt als ein Muster gelten soll! Dein Verstand, dein Ehrgeiz muß dir ja sagen, was du zu tun hast! Du bist doch ehrgeizig, Hans? Und das alles willst du mit Füßen treten eines Weibes willen!«

Die Worte des Domherrn machten sichtlich einen großen Eindruck auf den jungen Geistlichen. Hans war ruhiger geworden. »Ja, aber ...« wollte er einwenden.

»Aber ... nichts aber!« unterbrach ihn der Domherr. »Wenn es wirklich dein Kind ist, so kannst du ja immer dafür sorgen. Es ist ja traurig, Hans, daß du dich so weit hast hinreißen lassen. Aber Geschehenes kann man nicht ungeschehen machen. Weitere Folgen darf der Fall nicht für dich haben! Hast du mich verstanden?«

»Ja!« sprach der junge Geistliche und senkte den Kopf.

»Das Mädchen ist doch verschwiegen?«

»Ja.«

»Das ist gut. Ich will zu ihr gehen und will ihr eine Abfindungssumme ein für allemal anbieten. Damit muß die Sache für uns erledigt sein. Du kannst doch wegen eines dummen Streiches nicht deine ganze Karriere aufs Spiel setzen. Was wolltest du jetzt eigentlich anfangen, wenn du den geistlichen Rock ausziehen würdest?« Der Domherr fragte es freundlich, ja fast jovial.

Hans Erlacher blieb die Antwort schuldig.

»Davonlaufen, ein Dienstmädchen heiraten und dann gleich den Kampf mit dem Hunger aufnehmen? Wie?« fuhr Georg von Lindenthaler in demselben liebenswürdigen Ton fort.

Hans stierte schweigend zu Boden und schaukelte nervös einen Stuhl, den er an der Lehne hielt, hin und her.

»Nein, mein Junge, das läßt du hübsch bleiben!« redete der Domherr gütig auf ihn ein. »Überwinde diese sentimentalen Flausen! Gott ist es weit lieber, du bringst ihm dein ganzes Leben zum Opfer dar. Das ist Gott wohlgefälliger, wenn du in seinem Dienst ein wahrer Streiter Gottes wirst, als wenn du dich wegen eines Weibes von ihm abwendest. Denke an die erhabenen Worte des Herrn: Ihr sollt alles verlassen und mir nachfolgen! – Und das Kind ... wenn das Mädchen brav und tüchtig ist, so wird sie dafür Sorge tragen, daß es ein ordentlicher Mensch wird. Dazu braucht sie dich nicht, Hans. Wir, die Kirche, brauchen dich weit notwendiger. Wir haben nicht viele solcher Kräfte, wie du eine zu werden versprichst. Deine Vorgesetzten sagen es ja alle: Du hast eine glänzende Laufbahn vor dir!«

Georg von Lindenthaler war während seiner Rede im Zimmer auf und ab gegangen. Nun stand er still und hielt dem Neffen die Hand hin.

»Schlag' ein, Hans! Nicht wahr, ich hab' doch recht gehabt ... damals, als ich das Mädel beredete ...«

»Ich weiß es nicht, Onkel ...« sprach Hans zögernd. »Es kann schon sein ...« Dann legte der langsam seine Hand in die dargebotene Rechte des Domherrn. [...]

Fanni zieht mit ihrem kleinen Ferdinand nach Innsbruck, heiratet den Bahnbediensteten Ludwig Schandl und gebiert noch drei Kinder. Schandl verachtet von Anfang an Ferdinand, weil dieser nicht sein Sohn ist. Immer öfter betrinkt er sich und schlägt dann Fanni und Ferdinand. Wegen seiner Trunksucht verliert er schließlich seine Arbeit, die Familie Schandl verarmt. Jahrelang muß Ferdinand mitansehen, wie sein Ziehvater seine Mutter mißhandelt, die inzwischen selbst zu einer verzweifelten Alkoholikerin heruntergekommen ist. Im Zorn erschlägt der 19jährige Ferdinand seinen Ziehvater mit einer Axt. Zur gleichen Zeit gelangt nach Glurns die freudige Nachricht, daß Hans Erlacher in die päpstliche Kanzlei berufen worden ist.

Paul Flora, der 1922 geboren und als Zeichner und Karikaturist zu internationaler Anerkennung gekommen ist, schreibt gelegentlich auch Texte. Kostproben seiner Schreibarbeit sind 1997 in einer Sammlung mit dem Titel »Dies und das. Nachrichten und Geschichten« erschienen. Seinem Buch »ein schloß für ein zierhuhn« (1962) hat Flora eine umfangreiche autobiographische Einleitung vorangestellt. Floras Geburtsstadt Glurns bildet den Ausgangspunkt eines bewegten Lebens, das hauptsächlich und bis heute in Innsbruck stattfinden wird. Die kleine Stadt im Vinschgau ist auf den ersten Blick nicht viel mehr als einer der vielen Steine im bunten Lebensmosaik. Durch sein zeichnerisches Werk aber zieht sich Floras Glurns als ein beharrliches, immer wiederkehrendes Motiv.

Paul Flora

Autobiographische Einleitung

Glurns ist sehr klein und liegt an der Etsch und auch am Punibach. Dieses klägliche Gewässer begann zur Zeit meiner Geburt, den Intentionen der Behörden folgend, gerade als Rio Puni weitaus pompöser einherzufließen, um so seinen Beitrag zu den beginnenden großen Zeiten zu leisten. Ich kam am 29. Juni 1922 zur Welt, zu zwei schon anwesenden Brüdern dazu. Vier Schwestern sollten noch nachfolgen. Mein Vater war damals Gemeindearzt in Glurns und wir bewohnten ein geräumiges Stockwerk im Gemeindehaus. Meine erste Erinnerung ist: ein auf dem Rücken liegender Mensch im Gewölbe unter der Freitreppe des Hauses, aus der Kleinkinderperspektive gesehen. Zuerst riesige genagelte Schuhsohlen, dann allmählich sich verjüngend, der Leib, im kalkbespritzten Maurergewand, und am Ende der schnurrbartbewehrte Kopf mit offenem Mund, von Fliegen umsummt. Voll Schrecken hielt ich die Figur für tot. Ich hatte sie doch gerade vorher höchst lebendig gesehen, den Kalk anrührend, und sie war mir von meiner Mina – der Kinderfrau – als unser Maurermeister Kalkgrubenvogel erklärt worden. Zum Glück erhob sich das ganze Mannsbild bald schnaufend und gähnend von seinem Mittagsschlaf. Ich sehe auch noch meinen Vater hinter unserem stolzen Hahn her rennend, um mir eine Feder für den Hut zu erbeuten, und ihn hoch zu Roß auf Krankenbesuch reitend.

Als ich fünf Jahre alt war, übersiedelten wir nach Nordtirol. Meine Mutter stammt aus Matrei am Brenner, und dort lebten wir dann einige Zeit im Hause ihres Vaters. Dieser Großvater war als Knabe aus dem niederösterreichischen Weinviertel gekommen und wurde in Innsbruck ein berühmter Koch und Cafetier. In den achtziger Jahren baute er auf einem wunderschönen Platz über Matrei eine große Fremdenpension im Schweizerstil, die nun ziemlich veraltet war. Das elektrische Licht wurde erst eingeleitet, und es gab noch verschnörkelte und ungemein geschwungene Petroleumlampen. Der Damensalon, ein Traum aus grünem Plüsch, Troddeln und Spitzenvorhängen, samt verstimmtem Pianino, fehlte nicht. Im Lesezimmer standen im Glasschrank die gebundenen Jahrgänge der Gartenlaube, der Österreichischen Illustrierten Zeitung und einer Zeitschrift, welche »Vom Fels zum Meer« hieß. Es gab Kralikvasen in jeder Menge, Speiseaufzüge, Fürstenzimmer und einen riesigen Dachboden, angefüllt mit alten Möbeln, defekten Kronleuchtern und ausgedienten Waschgarnituren. [...]

Weihnachten 1927 bezogen wir eine Wohnung in Innsbruck-Pradl. Dort kam ich auf die Volksschule, die damals noch im Haus des Pradler Widums war. Die alte Kirche war noch nicht abgerissen und dort, wo heute die Pradler Volks- und Hauptschüler zum Turnen angehalten werden, pflegten wir Knaben im alten Friedhof, der verwildert und verwachsen und die Stätte vieler Tausender Maikäfer war, die Maiandacht zu schwänzen. Dem »Dotterbichl«, den von alters her die kleinen Pradler hinunterrodelten, war ich bald entwachsen und ging lieber nach Sistrans schifahren. Der Heimweg führte am Pradler Friedhof vorbei, und ich versäumte selten, dort in der Leichenhalle nach Aufgebahrten zu sehen. Schaudernd betrachtete ich manche Leiche zwischen den Kränzen und Blumen. [...]

Der bewegten Zeiten halber war der Unterricht manchmal erst um drei Uhr nachmittag aus, weil vor der Schule demonstriert, ja manchmal sogar geschossen wurde. Dafür war dann wegen einer Revolution einige Tage frei, und in meinem zwölfjährigen Unverstand freute ich mich sogar darüber. Später vernachlässigten wir die Schule vollends und gingen stundenlang die Maria-Theresien-Straße auf und ab. Die einen reckten schneidig den Arm empor und schrien jenen läppischen Gruß, den ich hier nicht wiederholen werde, und wir anderen hoben zwei (oder waren es drei?) Finger und riefen vaterländische Parolen. Wenig danach war unser Österreich verloren – und wir hatten wieder eine Woche schulfrei. Als italienischer Untertan geboren und als Österreicher erzogen, sollte ich mich nun als Mitglied der großdeutschen Volksgemeinschaft fühlen, was mir durchaus nicht gelang. [...]

Flora streift seine kurze Akademiezeit in München und seine Kriegs- und Nachkriegsjahre. Er zieht Zwischenbilanz über sein Leben, und der heuer sechsundsiebzigjährige Flora erwartet in diesem 1962 geschriebenen Text neugierig seinen vierzigsten Geburtstag.

[...] Ich dachte nie ernstlich daran, Innsbruck zu verlassen. Ich bin eben auch ein Tiroler, wenn auch kein lustiger, um hier einem verbreiteten Gerücht entgegenzutreten. Ich bin ein Anhänger der Provinz, weil ich das Leben hier angenehmer und überschaubarer finde. Dazu kommt noch, daß die Tiroler Spielart des homo sapiens höchst interessant ist, reich an Originalen aller Art, die teils anonym, teils an hoher und höchster Stelle wirken und für einen Menschen, der nicht gerade von ihnen abhängt, ein vollauf befriedigendes Anschauungsmaterial darstellen. [...]

Inzwischen trat ich auch in den Ehestand, was ich durchaus weiterempfehlen kann. Ich erfreue mich eines zahmen und eines wilden Sohnes und einer gutgelaunten Tochter. Die Umstände brachten es mit sich, daß ich auch als politischer Zeichner hervortrete, aber mein Verhältnis zur Politik hat Dilettantencharakter, und ich bin mehr an den Schnurrbärten und Nasen der Akteure interessiert als an ihren Taten. Diese Art von Zeichnerei hat anarchische Züge an sich, denn sie soll im Idealfalle erheiternd wirken und nährt sich dabei von der allgemeinen Unordnung und dem Unglück der Menschen. Das Illustrieren von Büchern habe ich mehr aus Geldverlegenheit denn aus Interesse ausgeübt und ich bin mehr und mehr davon abgekommen. Erich Kästner hat im Vorwort eines meiner gezeichneten Bücher betont, der Zeichner sei der Zwillingsbruder des Literaten, und so kann ich nicht umhin, mich auch ein wenig für Literatur zu interessieren.

Ich gebe zu, daß mich eigentlich sogenannte Tatsachen mehr fesseln als die Belletristik. Selbstzeugnisse, Lebensbeschreibungen, Tagebücher, Briefe und geschichtliche Dokumente erscheinen mir anregender und aufschlußreicher als die kunstvollen Erfindungen. Gerade für jemanden, der auch Karikaturen anfertigt, ist es ja keine überraschende Neuigkeit, daß die Wirklichkeit von gar keinem künstlichen Punkt erreicht werden kann. Aber ich schätze doch auch einen schön aufgezäumten Pegasus und bemühe mich mannhaft, die unbeholfene Beschreibung der Taten des Räubers Grasl »nach den Gerichtsakten« nicht spannender zu finden als ein Dutzend viel wertvollerer Bücher. Das Unbeabsichtigte ist ja oft viel eindrucksvoller als das Bewußte und Gekonnte, und deshalb liebe ich auch naive Bilder. – So lebe ich also auf der Hungerburg, mehr seßhaft als umherschweifend, kleineren Reisen nicht abgeneigt, und möchte gerne nach Amerika fahren und frage mich, was mich denn eigentlich davon abhält. Ich habe einige Pläne, die ich zu verwirklichen hoffe, und erwarte den vierzigsten Geburtstag, an welchem, wie es heißt, dem Älpler der Knopf im Kopfe aufgeht, und bin neugierig auf den darauffolgenden Zustand.

Norbert C. Kaser, (selbsternannter) Revolutionär der Südtiroler Literatur, hat Glurns einen seiner »stadtstiche« gewidmet. Kaser, 1947 geboren, wuchs in Bruneck auf und verbrachte ein spannungsgeladenes Leben zwischen kämpferischem Engagement und resignierendem Rückzug. 1978 starb er einunddreißigjährig an den Folgen seines übermäßigen Alkoholkonsums. Kaser schildert die Stadt Glurns so, wie er sie 1975 vorgefunden haben mag: verdreckt, verschlafen, verfallend. Heute, mehr als zwanzig Jahre später, weckt »glurns« ähnliche Gefühle wie der Anblick einer historischen Fotografie. Wären die eigenwilligen Worttrennungen und das Kastelhafte an »glurns« nicht auch in anderen Kaser-Texten zu finden –, hier jedenfalls werden diese formalen Elemente zu einem Bild für die viereckige Stadt mit ihren Mauern.

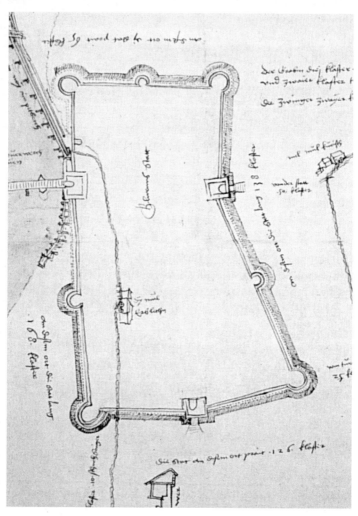

Stadtplan von Glurns aus der Zeit nach 1500.

Norbert C. Kaser

glurns

gegen die kriegsluesterne lutherische schweiz als bollwerk gedacht & vom p
apier aus gebaut. dreckig wie keine unserer tiroler perlen besonders im frue
hjahr wenn das gemisch aus faulem schnee kuhmist & wasser auf dem stae
dtischen pflaster rastet. ansonsten ist g. recht lieblich von schmugglern b
ewohnt umfriedet & schwach besiedelt. die lauben kaum mannshoch weil
muren den boden aufgefuellt haben beherbergen eine handvoll handwerker
& in den boegen fein aufgeschichtetes kleinholz. es rauscht der brunnen. das
leben wie ein eingeschlafener fuß. in der gaststube buegelt ein einsames weib.
schwarzhaarig eine echte mit jenem rollenden zungenschlag & all den fall
fehlern (die heiße liebschaft zum dativ) die dem vinschger eigen sind. die g
eschaeftigkeit liegt brach .. oft ein auto das durch die lachen spritzt: hindu
rch schweiz zu schweiz her. vor dem tor liegt die kirche als leichte beute den r
aeuberischen eidgenossenhorden. vorbeie zeiten. in der historie hat es g. nie
ernst genommen eine festung zu sein. das nachtleben geht im eigenen bett
vor sich: kinder werden wenig erstellt. außerhalb der mauern weidet vieh auf
sumpfigen boeden der bach ist gefuerchtet eine allee begleitet den wanderer.
die maenner arbeiten auswaerts. in den gaertchen an der mauer haengen ihre
socken & eine alte jaetet. gaense scheißen. das ist g. von allem verschont von
schweizern fabriken zukunft selbst vom wind einwenig. drei gassen drei tore
stattliche stadt mit einem halben adler im schild.

in den jaemmerlichen erdkundebuechern unsres landes geistert g. als kleinste
stadt der welt die kinder sind gebeten sich das in ewigkeit zu merken. in t
iefster erregung & empfindung steht man vor diesem denkmal der beschau
lichkeit & bescheidenheit. ein bilderbuch mit eselsohren abgegriffenen seiten
... fuerwahr. kein museum: es fehlen bis auf tuerme & tore die schaustuecke
& vitrinen bis auf jene des allroundladens worin der uralte geruch von we
lscher wurst (= mortadella) von kaese waschpulver sueßzeug etc. mit neon
licht & sterilität versetzt ist. von haarkluppen zum sacktuch ueber wuerflige
mohnbonbons im obligaten glas alles: batterien schraubenzieher kuebel
fuer den staedtischen bedarf & der ist nicht groß. eine zweite vitrine laeßt
einblick in die bar & ihre exotischen immergrünen niebluehenden schlampig
abgestaubten topfpflanzen wohinter maenner kartenspielen & geheimzeich
en auf ein $\mathcal{S}$ malen .. reste aus der zeit wo lesen & schreiben noch nicht
jederman $\mathcal{S}$ ns kunst war. auch hier beste mundart suedtiroler slang.
ein baum ein großer baum der stadtbaum draußen. g.

Ortler-Bilder

Fast die Hälfte unserer literarischen Wanderung liegt hinter uns. ›Halbweg‹ bedeutet Rast, bedeutet ... Luftholen für den Aufstieg. Wir verlassen das Haupttal, wir verlassen die Siedlungen und schwenken ... zum Ortler. Kein gewöhnlicher Berg. Denn der Ortler findet als erste Vinschger Örtlichkeit Eingang in die Literatur, und er ist seit über hundertfünfzig Jahren immer wieder präsent. Der Ortler mit seinen 3.905 Metern war der höchste Berg der ehemaligen Donaumonarchie Österreich-Ungarn, eine herausragende Geländemarke, die für die symbolische Stilisierung wie geschaffen war. Alles mögliche wird dem Ortler ›angedichtet‹: Politisch-Ideologisches und der romantische Bergmythos; seine Geschichte macht ihn zu einem Mahnmal gegen den Krieg, letztendlich wird auch der Alpinismus und überhaupt Existentialistisches an ihm reflektiert. Daß der Ortler im vorigen Jahrhundert auf deutsch ›Ortles‹ und ›Orteles‹ geheißen hat, ist heute recht verwunderlich.

Am 27. September 1804 soll das Pseirer Josele als erster Mensch auf dem Ortler gestanden haben. Mit diesem Datum wird der Ortler sozusagen ins kommunale menschliche Bewußtsein gerückt. Die Dichter lassen sich noch etwas Zeit: Erst 1838 wird dem Ortler sein erstes literarisches Denkmal gesetzt. Ein Denkmal, das Furore machen wird: »Der rothe Tiroler Adler«, ein Gedicht von Johann Chrysostomus Senn, das 1838 in seinen »Adlerliedern« abgedruckt ist. Der Ortler ist bei Senn die Wohnstätte des habsburgischen Wappentiers, das mit Kriegsblut in Verbindung gebracht wird. Ob der Adler vom Blut verdreckt oder verschönert wird, das freilich bleibt offen. Gemeinhin wird Senns Gedicht als ein extrem patriotisches interpretiert, doch lassen sich die vier Strophen auch als kritisch-ironische Stellungnahme zur österreichischen Politik lesen. Senn, 1795 in Pfunds in Tirol geboren, war ein oppositioneller Freigeist und saß dafür über ein Jahr lang in Wien in Untersuchungshaft. Als Hauslehrer und Kanzlist schlug er sich durchs Leben, 1857 starb er verarmt in Innsbruck. Ob ein verfemter Tiroler wirklich ein Blut-und-Boden-Gedicht hat schreiben wollen?

Johann Chrysostomus Senn

Der rothe Tiroler Adler

Adler! Tiroler Adler!
Warum bist du so roth?
Ei nun, das macht, ich sitze
Am First der Ortlesspitze,
    Da ists so sonnenroth,
    Darum bin ich so roth.

Adler! Tiroler Adler!
Warum bist du so roth?
Ei nun, das macht, ich koste
Von Etschlands Rebenmoste,
    Der ist so feuerroth,
    Darum bin ich so roth.

Adler! Tiroler Adler!
Warum bist du so roth?
Ei nun, das macht, mich dünket,
Weil Feindesblut mich schminket,
    Das ist so purpurroth,
    Darum bin ich so roth.

Adler! Tiroler Adler!
Warum bist du so roth?
Vom rothen Sonnenscheine,
Vom rothen Feuerweine,
    Vom Feindesblute roth –
    Davon bin ich so roth!

Adolf Pichler (1819–1900), gebürtig aus Erl, Geologieprofessor in Innsbruck und Schriftsteller, ist einer der wenigen Zeitgenossen von Senn, die dessen Literatur schätzen. Pichlers Gedicht »Am Orteles«, das 1844 entsteht, greift erstmals Senns Ortler/Adler-Motiv auf: Hier wird der Adler als ein Siegesbote dargestellt, der seinen Glanz aus den siegreichen Schlachten Andreas Hofers gegen die französischen Truppen im Jahre 1809 bezieht. Durch Pichler werden Ortler, Adler und Blut zu Synonymen. Generationen von Schriftstellern werden von nun an auf den blutroten Adler anspielen.

Adolf Pichler

Am Orteles

Auf hoher Ortlesspitze
    Sitzt sonnenrot ein Aar,
Um graue Felsen windet
    Der Inn die Fluten klar.

Sie fließen fort nach Osten,
    Wo tief der Pontus ruht,
Dann brandet ans Gestade
    Kaukasiens die Flut.

Dort hallt es durch die Thale
    Von wildem Völkerkampf,
Wie weiße Nebel wallen,
    So steigt der Pulverdampf.

Verzagend und zerworfen
    Wälzt sich der Feind zur Flucht;
Die Freudenfeuer lodern
    Weit über Berg und Schlucht.

Es spannt die weiten Flügel
    Am Ortles fern der Aar
Und denket seiner Siege
    Im alten Neunerjahr.

Die breitgefächerte Blut-und-Boden-Thematik faßt Alfred Gruber in seinem Haiku »Andreas Hofer« (1984) zusammen. Gruber ist 1929 in Aldein geboren, er ist katholischer Priester, pensionierter Lehrer, Schlüsselfigur in der Südtiroler Literaturlandschaft und Herausgeber zahlreicher Bücher.

Alfred Gruber

Andreas Hofer

Blutbefleckter Aar!
Tränktest den Heimatboden
für dauernde Saat.

Anno Neun schwebt über dem Ortler, obwohl der Berg in keinem direkten Zusammenhang mit den damaligen Kampfhandlungen steht. 23. Mai 1915: Italien erklärt Österreich-Ungarn den Krieg, kurze Zeit später stehen sich mitten in der Ortlergruppe österreichische und italienische Truppen gegenüber. Diesmal steht der Ortler mitten im Krieg und wird zu einem Mahnmal gegen ein sinnloses und grausames Unternehmen.
1995 erschien der über 500 Seiten dicke autobiographische Erstlingsroman »Omas kleine Erde« von Franz Blaas, der 1955 in Passau geboren ist und heute als Zeichner, Maler und Schriftsteller in Wien lebt. Der Ich-Erzähler erlebt seine Kindheit in den sechziger Jahren im oberösterreichischen Innviertel; seine Oma väterlicherseits stammt aus Tschars im Untervinschgau, sein Opa war Soldat an der Ortlerfront. Blaas erzählt springend und traumwandlerisch: Fieber und Ofenwärme machen Opas Kriegsgeschichten zu einem flirrenden Düsterszenario. Etwas irritierend ist die historische Unrichtigkeit, daß Opa »vier volle Jahre [...] im Krieg auf dem Gletscher des Ortlergebietes« verbracht habe.

Franz Blaas

Omas kleine Erde

[...] Mit Opa muß ich im Herbst immer Kühe hüten. Wir zwei Hirten sitzen auf der Wiese neben den Herbstzeitlosen. Ob er will oder nicht, er muß mir aus dem Katechismus vorlesen. Die Heiligen sind nicht Opas Stärke. Auch die Antworten auf meine Fragen: »Wie ist das im Himmel, im Paradies, im Fegefeuer, in der Hölle?« sind nicht ganz befriedigend. Einmal sagt er, es gibt vielleicht nur den Himmel da oben, und wenn wir sterben, dann sehen wir ihn einfach nicht mehr, genau wie bei der Kuh, dann sind wir nur tot. Manchmal glaubt er aber doch wieder an den lieben Gott. Nur dem Pfarrer, glaubt er, muß man nicht immer alles glauben. Opa erzählt mir lieber von den Almen in Südtirol, wie er Hüterbub war, und wenn wir so reden, dann erzählt er manchmal vom Krieg. [...]

Kriegsalltag am Ortler.

Was ich einmal werde? Natürlich Bauer oder Hüterbub oder vielleicht einmal Pfarrer. Friedlich fressen die Kühe und kauen vor sich hin. Es riecht ein wenig nach Mist. Ab und zu fällt eine Birne oder ein Apfel auf die Wiese, und das Laub raschelt in den Bäumen. Ich frage immer und immer wieder, und Opa erzählt wieder. Entweder Geschichten von Südtirol oder etwas von ihm und Oma, mitunter eine Reimmichl-Kalender-Geschichte, schlußendlich dann vom Krieg. Lange, ausführlich, in allen Details, vor allem im Winter, wenn ich krank auf dem Sofa in der Stube liege. Draußen liegt Schnee, die Fenster haben Eisblumen, um mich herum dunstige Luft vom Holzofen und vom Kochen aus der Küche. Es riecht nach *Vicks-Vaporub,* und im Radio ist *Autofahrer unterwegs* zu hören. Schlager der Art von Ronnie, Roy Black, Gus Backus. Mein Lieblingslied ist »Marina, Marina, Marina ...«, Rocco Granata. Die Schlager der fünfziger und sechziger Jahre machen einen kleinen Brückenschlag nach draußen. Zwischen Kranksein, Leiden, Einschlafen, Dahindösen bleibt viel Zeit zum Träumen, zum Vorstellungen machen, zum Fantasieren. Unser Sofa von Großtante Resi aus Passau hat einen Samtstoffbezug in vorwiegend roten Farben, mit großen Mustern aus Girlanden und Blumen. Ich zupfe daran herum und streiche mit der Hand und den Fingern fantastische Tiere und Gestalten auf die Samtsofawand. Nachmittags hat Opa Zeit zu erzählen. Vier volle Jahre war er im Krieg auf dem Gletscher des Ortlergebietes, »in ewigem Eis und Schnee«. In unterirdischen Gängen im Fels und Eis und in Holzbaracken lebten die Soldaten. »Wie de *Scher* ?« »Na, wia de Ratz'n«, sagt Opa immer. [...]

Zweimal ist Opa selbst einem Lawinenunglück knapp entgangen. Oft mußten sie andere freischaufeln und hatten nur Glück, daß eine nachkommende Lawine sie nicht auch noch erwischt hat. Einmal wird sein bester Freund neben ihm beim *Postenbrennen* von einer Kugel getroffen und stirbt in seinen Händen. Bei einem Gasangriff war er eigentlich schon einmal tot. Zum Schluß sagt er immer: »Es san lei de Oberen Zehntausend, dö de armen Hund hien werd'n lass'n ... siehgsch, da Teifl, des san de Leit selbar, de Höll, des isch da Kriag schun g'wes'n!« Oma sagt: »In Tschars, aufm Kirchplatz, san alle Mandar lachad gstandn. Gwoant ham lei de Pfott'n, de Mandar ham gsagt, in zwoa Wochn san mar wieda alle dahuam.« »Weil's wahr isch«, sagt Opa, »de meistn san nia mehr kemmen.« *Le montagne stanno ferme / Gli uomini camminano! / Die Menschen kommen und gehen / aber ewig stehen die Berge!* So heißt es in Luis Trenkers Roman zum Schluß.

Wo sind wir? Es ist überall kalt. Draußen schneit es wieder. Winter 1963/64. Opas Geschichten vom Ersten Weltkrieg, vom Leben im Eis und im ewigen Schnee, von Haubitzen, von Maschinengewehrsalven, von den *Walschen*, von den Mulis, den Dohlen im Gebirge, von den Murmeltieren und Hasen, die sie für den Winter gefangen haben. Er erzählt von den Geiern, die den Toten die Augen und ihre Gedärme heraushacken; vom Schifahren auf dem Gletscher, bei Nacht unter allen Gefahren; von den Kaiserjägern, wie sie gegen die Italiener kämpfen, verlieren und gewinnen. Seine Erlebnisse und Meinungen sind detailgetreue Einblicke in die Maschinerie des Krieges; für mich eigentlich unvorstellbar, aber doch viele Vorstellungen auslösend. Die Brutalitäten und Ängste der Menschen im Krieg werden mir deutlich vor Augen geführt. Opas Geschichten sind Ablenkungen von meinem Kranksein, sie ermöglichen mir eine Flucht in eine grausame, mitunter düstere Fantasie. Immer und immer wieder verlange ich nach einer Geschichte. Ich kann sie auswendig. (Opa sah die Verfilmung von Luis Trenkers »Berge in Flammen« nie. Ich sehe sie viele Jahre später einmal im Kino.)

Dove siamo? Wo sind wir? Wir sind in den stillen Roratemessen im Advent. [...]

Schnitt. Von der historisch-politischen Dimension des Ortlers wechseln wir zu seiner literatur- und kulturgeschichtlichen: In der Romantik wird der Berg, der vorher als einfach gegeben hingenommen und nicht weiter reflektiert worden ist, zu etwas Belebtem und Dämonischem. (Mythos und Sage kennen diesen Bergtopos seit eh und je.) Der Romantiker Karl Egon Ebert ist heute gänzlich vergessen, doch zu Lebzeiten galt er als einer der Großen unter den deutschsprachigen Schriftstellern Böhmens. 1801 in Prag geboren und 1882 ebenda verstorben, war er Bibliothekar in Donaueschingen und Verwalter in Prag, er schrieb Dramen, Idyllen und Romanzen. Das Ortlergebiet hat er vermutlich auf seiner Schweizer Reise Ende 1820 kennengelernt. Er verarbeitet in seinem balladesken Gedicht »Die Bergfrau vom Ortles« (1852) ein in der romantischen Literatur gängiges Motiv: Eine schöne, steinerne – wahrscheinlich tote – Frau wechselt ihr Aussehen und versucht mit irdischen Schätzen die Männer zu umgarnen; die Vereinigung mit ihr bedeutet den Untergang oder den Tod. »Die Bergfrau vom Ortles« liest sich wie eine Paraphrase auf Ludwig Tiecks »Runenberg«. Doch überraschend hemdsärmelig – und ironisch, wer weiß? – ist bei Ebert der Schluß.

Karl Egon Ebert

Die Bergfrau vom Ortles

Die Bergfrau vom Ortles ist jung und schön,
Sie möchte nun gern auf die Freite gehn:
Zu einsam bedünkt sie's am Ende der Welt,
Drum schmückte sie sich bräutlich im goldigen Zelt'.

So lagert sie draußen geschmückt sich am Pfad',
Wo der Alphirt heimkehrt, der Jäger naht; -
Da steht sie und späht sie im luftigen Chor,
Bis der Jäger nahet mit Feder und Rohr!

»Und willst du die Bergfrau vom Ortles nicht frei'n,
Du grüner Jäger, so schmuck und so fein;
Gebieten sollst du dem funkelnden Gold,
Das Keiner noch holte, das Keiner sich holt!

Die Gnomen sollen dir dienen mit Lust,
Und heimliche Quellen dir kühlen die Brust,
Und Abends, da magst von vergoldeten Höh'n
Im Königsmantel du niederseh'n.«

»Ich habe genug zu Behagen und Ruh
Und Besseres gibst du mir auch nicht dazu: -
Auf Erden will eh' ich der Erde mich freu'n,
Als unter der Erde ihr König zu sein.«

Die Bergfrau trauert und wandelt nach Haus, -
Nach Monden erst treibt es sie wieder hinaus;
Einen Becher aus Golde trägt sie bereit,
Der ewige Jugend dem Trinker verleiht!

»Trink, Hirtenjüngling, leer' aus den Pokal,
Dich wärm' ein verjüngender, göttlicher Strahl!« -
»Laß, fremdes Wesen, ich freie dich nicht,
Dein Antlitz ist nicht, wie der Menschen Gesicht!

Nicht fühlst du, nicht sprichst du, handelst du so,
Wie die Menschen so offen, so glühend, so froh!

Stich um 1880: Berggeister am Hochjoch, dahinter die Ortlerspitze.

Hells »Hochjoch« verläuft in der Originalfassung (56 Seiten) in zwei Spalten, dadurch wird ein Dialog zwischen zwei Figuren angedeutet. Da in den kurzen Passagen, die im folgenden zitiert werden, das Dialogische nicht nachvollziehbar ist, wird der Text in üblichem Blocksatz gesetzt.

Bodo Hell

Hochjoch

[...] ein günstiger Punkt, von hier die gesamte Nordflanke, ist jemand gefallen, herübergeschossen, vom nächsten Grat, von oben, die Sandsäcke sind vermodert, mit Begeisterung, monatelang im Eis, in einen Felssporn verkrallt, die Platten sind rutschig, so lange daß man ihn nicht wieder hergeben will, mit der Umgebung verwachsen, ein Teil der Umgebung, läßt sich nicht mehr losreißen, ist das die Heimat lang genug auf derselben Stelle, es war romantisch, ein Indianerspiel, mit höchstem Einsatz, sich nicht über eine bestimmte Linie treiben lassen, die andere Mannschaft hinter andere Linien zurück, in jeder Gegend ein Frontverlauf, immer wieder vom Krieg erzählt, Tannenreisig in den Schützengräben [...]

acht Leute, nein neun, wer muß warten bis die anderen ihr Bett heruntergeklappt haben und hineingekrochen sind, zuerst den Schnee vor der Tür weg, das restliche Eis, wenn jemand vollkommen erschöpft hier ankommt und die Tür nicht aufbringt, unten im Eis festgebackt, er bemerkt nicht, daß sich die obere Hälfte gesondert öffnen läßt, auf dem Bauch hineinrutschen, hinunterfallen, mit letzter Kraft die Luke zu, liegenbleiben, gerettet, nichts, er kommt nicht drauf, er zerrt an der Tür, flucht, schlägt mit den Fäusten dagegen, mit dem Kopf, hackt wütend mit dem Pickel ins Eis, prallt ab, haut sich aufs Bein, heult, läßt sich zu Boden fallen, rüttelt noch einmal, gibts auf, kommt vor der Biwakschachtel um, die weichen Wolldecken, ausschließlich die höchstgelegenen Biwaks, an den normalen Hütten vorbei, Nachricht hinterlassen, auch das nicht, nicht jeder will gerettet werden, von einem Biwak zum anderen, die vielen fixen Biwaks, in welchen Berggruppen, ist es ein schlechtes Zeichen, allein oder zu zweit, einander ausgeliefert, gefangen, der andere als einziger lebender Bezugspunkt, sieht alles was er tut, die Gerüche, warum ausgeliefert, kann jederzeit weg, lernt man sich gegenseitig gut kennen [...]

die richtige Schlagtechnik für die exponierten Stellen, die Sprengwirkung bei Pickeln mit gezähnter Schaufel, wenn man die Haue richtig einschlägt kann sie einen Menschen der frei herunterhängt halten, der Ankerpickel der Stützpickel der Spazierstockpickel der Geländerpickel der Sondierpickel die Pickelhaue, wieviele Stufen haben die alten Führer schlagen müssen, tausend, fünftausend, für ihre Herren, den reichen Engländer, den Kaufmann aus Triest, vor der Erfindung der Steigeisen, bei einer großen Tour, die Ostwand des Monte Rosa, verbissen weitergeschlagen, aus Prinzip, anderswo längst Zacken, im nächsten Tal drüben, die Tür geht fast ganz auf, senkrecht von oben nützt wenig, mit sechs Schlägen eine Vertikalstufe ins Blankeis, Weihwasserkesselform, ebensogut als Griff [...]

ein willkürlich herausgegriffener Abschnitt, die Überfülle von Spitzen Zacken Kuppen Hängen Mulden Schneefeldern, die Gipfel abzählen, alle Gipfel, die Gipfel die Vorgipfel, hier besteht die Welt nur aus Bergen, ein geschlossenes Bild, jeder hat einen Namen, die Berge die Almböden, gegen das Tal hin verdichtet, eine Gruppe im Schatten des Hauptbergs, er hat Geschichte gemacht, der Krieg der Vater, prägt sich das Bild besser ein wenn man zwischendurch die Augen schließt, was sich anbietet, ein noch detaillierterer Abschnitt, wie sieht das Tal aus, gegen alle Hindernisse mit dem Blick durch die Täler bis in die Städte hinaus, die Landschaft ist blind, im Zentrum des Geschehens, wo fallen die folgenreichen Entscheidungen, das Weite suchen, hier nicht wegzugehen bedeutet den Tod [...]

ich will nicht mehr weiter, um jeden Preis auf den Gipfel, den Fuß auf den Gipfel wie der Großwildjäger auf das tote Tier, das ist geschafft, da war ich, da war ich auch, da war ich schon mindestens, da war ich lange vor dir, da bin ich die viel schwierigere, da warst du noch nicht, was beweist mir daß du dort warst, kaum ist die Anspannung vorbei, läßt sich nicht mehr exakt steuern, die Beine tun das ihre, Verschnaufpausen, in immer kürzeren Abständen, wieviel Atemzüge pro Schritt, der Herzschlag jetzt ist er auf einmal zu hören, der Puls an der Halsschlagader, über die weiten Flächen, die leichte Steigung macht viel mehr zu schaffen, rapider Kräfteverfall, eine verrückte leichtsinnige überflüssige kraftraubende gesundheitsschädliche Tätigkeit, das Leben anderer Leute mutwillig aufs Spiel, das eigene, wir müssen dann hinauf und ihn holen, sind selber schuld wenn sie herunterfallen, auch den erfahrensten Leuten, was hat ein Mensch da oben zu suchen, bloß eine Art Therapie, Opfer gefordert, haben ihre Opfer gefordert, haben noch jedes Jahr ihre Opfer gefordert, schwanken schwindelig schwarz vor den Augen, die erschreckende Blässe könnte man sich im Spiegel [...]

Aufstieg zum Hochjoch.

Stilfs, Trafoi und Sulden

Eigentlich wäre zu erwarten, daß die traditionsreichen Tourismusorte Sulden und Trafoi im Mittelpunkt des literarischen Interesses stehen. Doch dem ist nicht so: Das alte Knappendorf Stilfs, nicht sonderlich bekannt, scheint für die Literarisierung viel reizvoller zu sein. Stilfs tritt 1969 mit der Erzählung »Midland in Stilfs« von Thomas Bernhard in die Literatur ein. Bernhard, einer der bedeutendsten Schriftsteller und Wirbelmacher Österreichs, wurde 1931 in Heerlen (Holland) geboren und verbrachte seine Kindheit und Jugend vorwiegend im Salzburgischen. Er studierte Musik und Schauspiel und war auch als Journalist tätig. Immer wieder bereiste er Südeuropa; ab 1965 wählte er einen Bauernhof in Ohlsdorf (Oberösterreich) als seinen hauptsächlichen Wohnsitz. 1989 verstarb Bernhard in Gmunden. Bisher kaum erforscht sind Bernhards Beziehungen zu den Tälern und Dörfern des Ortlergebiets. Als gesichert gelten zwei wichtige Aufenthalte im Stilfser Gasthof »Sonne«: ein erster längerer Mitte der sechziger Jahre und ein zweiter von wenigen Tagen im Jahre 1977. Stilfs und das Suldental finden Eingang in Bernhards frühe Erzählungen »Midland in Stilfs« (1969) und »Am Ortler. Nachricht aus Gomagoi« (1971) und in die zwei Kurztexte »Entdeckung« und »Nahe Sulden« (beide 1978 in »Der Stimmenimitator«).

Thomas Bernhard

Midland in Stilfs

An dieser Stelle hätte ursprünglich ein Auszug aus der Erzählung »Midland Stilfs« von Thomas Bernhard abgedruckt sein sollen. Der Frankfurter Suhrkamp Verlag, bei dem die Rechte für diesen Text liegen, hat aber keine Abdruckgenehmigung erteilt. Denn Bernhard hatte – noch zu Lebzeiten – Nachdrucke seiner Texte untersagt. Dies ist zu respektieren.
Ich hätte freilich den Bernhard-Text samt Kommentierung sang- und klanglos aus dem vorliegenden Buch streichen können. Niemand hätte viel gemerkt, niemand müßte sich über diese Zeilen wundern.
Doch ist Thomas Bernhard einer der Autoren, die dieses Buch tragend gestalten. Und sein Vinschgau-Text ist ein wesentlicher Ansporn dazu gewesen, dieses Buchprojekt überhaupt zu verwirklichen.
Also möchte ich »Midland in Stilfs« kurz vorstellen, im Bewußtsein, daß diese Absätze Platzhalterfunktion haben und den Text keinesfalls ersetzen wollen.

»Weggehend vom Grab seiner Schwester, die auf den Tag genau vor fünfzehn Jahren hier in Stilfs von der Hohen Mauer kopfüber hinunter in die Alz zutode gestürzt ist, sei ihm, Midland, zu Bewußtsein gekommen, daß wir […] an dem idealsten Ort existierten.« Thomas Bernhard: Midland in Stilfs.

Im Bernhardschen Stilfs wohnen drei Geschwister, ein Ich-Erzähler, Franz und die »an den Krankensessel gebundene« Olga, mit ihrem Angestellten Roth. Mit einem raschen Pinselstrich charakterisiert der Erzähler den für Bernhard typischen Wahnsinns-Kosmos: »Natürlich sind wir alle Verrückte.« Die riesige Hausbibliothek wird seit Jahren nicht mehr betreten, man hat sie abgesperrt und den Schlüssel in den Bach geworfen. Die Wohngebäude »sind auf das unbeschränkteste mit dem Barocken und Josefinischen vollgestopft, überall Tabernakelkästen und Sekretäre.« Sie verwahrlosen und werden zerstört durch »das in die Milliarden gehende Ungeziefer«. Die Möbel in den Räumen schimmeln vor sich hin, die Bilder fallen von den Wänden: »Wir heben nichts auf, wir steigen darüber.« Stilfs wird für seine Bewohner zur Todesmetapher: »Unser Schicksal heißt Stilfs, immerwährende Einsamkeit.« »Stilfs ist, wie gesagt, kein ideales, sondern tödlich für uns.« »Stilfs ist nichts.«

Einmal im Jahr kommt Midland, ein Engländer, nach Stilfs herauf. Er bringt Abwechslung in die »Hochgebirgsmarter« der vier Stilfser, für ihn ist Stilfs der ideale Ort zu Reflexion und geistiger Arbeit, und er vermutet, daß Franz und sein Bruder im verborgenen »epochale Geisteserzeugnisse« hervorbrächten, vermutlich ein »abgeschlossenes Werk der Naturgeschichte«. Midland besucht jedes Jahr das »Grab seiner Schwester, die auf den Tag genau vor fünfzehn Jahren hier in Stilfs von der Hohen Mauer kopfüber hinunter in die Alz zutode gestürzt ist«. Seine Besuche werden ein ganzes Jahr lang herbeigesehnt, ist er da, wird er den vieren unerträglich.

Das Bernhardsche Stilfs ist als ein weitläufiges landwirtschaftliches Anwesen dargestellt, es gibt Wohngebäude, Nebengebäude, ein Jägerhaus und sogar mehrere Glashäuser. Auf den ersten Blick hat es mit dem wirklichen Dorf Stilfs wenig zu tun. Zudem liegt Stilfs nach Bernhard an der Alz, einem oberbayrischen Nebenfluß des Inns. Das Vinschgauer Stilfs dient Bernhard als Folie für seine eigenwillige Geographie und als Sinnbild für das kaum noch erträgliche Leben seiner Protagonisten. Doch neben der Tatsache, daß Bernhard selbst in Stilfs abgestiegen ist, gibt es ein weiteres Argument, daß Bernhard beim Schreiben ganz konkret das Dorf Stilfs im Vinschgau vor Augen gehabt hat: Hinter dem Inhalt läßt sich nämlich ein historisches Ereignis ausmachen, das heute noch tief im Bewußtsein der örtlichen Bevölkerung verwurzelt ist. Am 16. Juli 1876 stürzte der Londoner Kaufmann Henry Perreau de Tourville auf der Stilfser-Joch-Straße zwischen Trafoi und Franzenshöhe seine Frau Madeline von einer Mauer in den Tod, um an ihr Erbe zu gelangen. Er habe »seine Gattin Madeline, geborene Miller, in der Absicht, sie zu tödten, tückischer Weise durch gewaltsame Handanlegung auf solche Art mißhandelt, daß daraus deren Tod erfolgte«, wie in der 1877 bei Ferrari in Bozen gedruckten Anklageschrift des damaligen k.k. Staatsanwalts Rudolf Köpf zu lesen ist. Bei Bernhard ist es anders, und doch ähnlich: Midland ist *Engländer*, »Sohn reicher Eltern«, der nach *Stilfs* kommt, weil hier seine *Schwester* begraben liegt, die unter ungeklärten Umständen in Stilfs

den *Tod* gefunden hat. Der historische Henry Perreau war *Engländer* und ein wohlhabender Geschäftsmann, der seine *Gattin* auf der *Stilfser-Joch-Straße* in den *Tod* gestürzt hat. Begraben liegt Madeline Miller in Trafoi, ihr Grab ist seit mehreren Jahren aufgelassen. Eine *Mauer* spielt sowohl bei Bernhard als auch im historischen Fall Miller eine wesentliche Rolle. Und der Name *Midland?* Ein Anagramm auf *Madeline?*
Überraschenderweise stellt der Name Midland weitere Bezüge zu England her: Midland ist das englische Wort für einen Bewohner der *Midlands,* der mittleren Regionen von England. Midland ist ferner der Name eines der bedeutendsten Bankhäuser Londons, jener Stadt, die Bernhard öfters und gerne bereist hat. Konzentrische Kreise legen sich um das so unscheinbare Stilfs, das bei Bernhard zum Nabel der Welt wird: »In Stilfs den Hebel ansetzen, die Welt verändern!« Dieser Satz ist offensichtlich eine Paraphrase auf das berühmte Zitat des griechischen Physikers und Philosophen Archimedes: »Gib mir einen Punkt, und ich hebe die Welt aus den Angeln.«

Herbert Rosendorfer ist ein Viertelvinschger: Seine Großmutter väterlicherseits stammte aus Stilfs und hieß Anna Tschenett, ähnlich wie die Mutter des zweiten Protagonisten in seinem Roman »Ballmanns Leiden oder Lehrbuch für Konkursrecht« (1981). – Geboren wurde Herbert Rosendorfer 1934 in Gries bei Bozen, mit fünf Jahren kam er nach München, wo er später die Akademie der Bildenden Künste besuchte und Jura studierte. Von Beruf war er Staatsanwalt und Richter, zunächst in München, letzthin in Naumburg an der Saale; 1997 ist er nach Girlan gezogen. Rosendorfer ist einer der meistgelesenen deutschen Gegenwartsautoren; er handelt in seinen zahlreichen Werken leichtfüßig die verschiedensten weltlichen und menschlichen Skurrilitäten ab.

Dr. jur. Martin Ballmann, der Held in »Ballmanns Leiden«, hat vor Jahren seine Studienkollegin Babette Klingshirn geehelicht und später mit ihr drei Kinder großgezogen. Er bewohnt ein Reihenhaus in einer bayrischen – warum nicht? – Kleinstadt und ist Richter. Eines Tages wird Ballmann von Narretei befallen: Er geht nicht mehr zur Arbeit, er läßt sich verwahrlosen, er fährt fahrscheinlos Straßenbahn und kommt dafür ins Gefängnis, wo er den Sandler Kurt alias Burschi Zwergfleisch kennenlernt. Burschi, der zusammen mit Ballmann in einer Gefängniszelle einsitzt, erzählt aus seinem Leben: Seine Mutter war eine gewisse Philomena Tschenett, für kurze Zeit verehelichte Zwergfleisch, aus Stilfs. Und Burschi bezeichnet sich als Kelte ...

Herbert Rosendorfer

Ballmanns Leiden
oder Lehrbuch für Konkursrecht

[...]
»Ich bin kein Zimmermann, bin ja auch kein ganz echter Kelte, leider. Michael hieß der Großvater, Tschenett, wenn dir der Name was sagt? Nicht? Ein echt, ein sozusagen urkeltischer Name. Tschenett. Michael Tschenett, aber genannt haben sie ihn den Stina-Michel, weil sein Vater Christian geheißen hat, was dort oben abgekürzt wird: Stina. Es wird alles abgekürzt da oben, du hast ja keine Ahnung, wie arm die Leute sind ... *waren*«, verbesserte sich Burschi, »jetzt sind sie draufgekommen, daß man den Schifahrern, die so blöd sind, im Winter dort oben herumzurutschen, das Geld abknöpfen kann. Jetzt haben sie Hotels gebaut und Skilifte, aber damals ... du machst dir keinen Begriff davon, wie arm die Leute waren. Die Kinder zum Beispiel, haben überhaupt kein Spielzeug gehabt. Das einzige Spielzeug, was meine Mutter gehabt hat, war ein geschälter Stecken, mit dem sind sie, die Mutter und ihre Geschwister, ihrer elfe waren sie, auf die Wiesen hinaus, haben den Stecken in die Erde gerammt und sind so lange im Kreis herumgelaufen, bis sie einen Trichter aufgeworfen hatten. ›Kessel-Furum-Treiben‹ hat das Spiel geheißen. Die Bauern haben ihnen dann natürlich immer eine Maulschelle gegeben, weil sie die Wiesen, auf denen sowieso schon nichts Gescheites gewachsen ist, zusätzlich ruiniert haben. Außerdem haben sie noch jeden Tag vom Vater zur Vorsicht eine Maulschelle gekriegt, zur Vorsicht, das war die Erziehung. Nur zu Weihnachten und am Namenstag haben sie keine gekriegt. Das war das einzige Geschenk. So arm waren die Leute.«

»Das heißt«, sagte Burschi, »vom Vater haben sie die Schelle nur gekriegt, wenn der Vater da war, sonst hat sie ihnen die Mutter gegeben. Der Vater war ja das halbe Jahr nicht da. Er hat ja zu einer Partie gehört, die in ganz Tirol gearbeitet hat. Bei den Kelten da oben wäre ja längst nicht genug Arbeit gewesen. In ganz Tirol haben sie gearbeitet, in Vorarlberg, in der Schweiz und sogar bis ins Schwäbische sind sie gekommen und ins Elsaß. Alles zu Fuß. So gut zu Fuß ist nur ein Kelte. Im Frühjahr, wenn der Schnee weg war und man auf den Straßen einigermaßen hat gehen können, sind sie aufgebrochen mit dem Ränzel auf dem Buckel, ja, ja: einem Ränzel, und einem knotigen Stock aus Schwarzdornholz, sind sie hinaus, langsam, Schritt für Schritt in ihren schweren, harten, genagelten Schuhen. Wenn man einen langen Weg vor sich hat, rennt man nicht. Bis nach Spondinig sind die Weiber und Kinder mitgegangen, dann hat der Vater kurz an seinen großen, schwarzen Zimmermannshut getippt, und das war der Abschied. Es sind karge Leute, die Kelten da oben, und sie reden nicht viel.

Im Herbst dann, da hat es geheißen: jetzt müssen sie bald kommen, wenn die Lärchen golden werden und das Moos leuchtet wie Edelsteine und wenn es schon schneit in den Bergen, aber der Himmel noch klar und blau ist – warst du nie da oben? ich schon, ich bin einmal extra hinauf, es rentiert sich –, dann haben sie gewartet Tag um Tag, ob die Männer nicht bald wiederkommen. Meine Mutter, obwohl sie verwachsen war, hat die besten Augen gehabt, scharfe, keltische Augen, wie ein Luchs. Einmal, da ist die Kirchturmuhr stehengeblieben, und niemand hat gewußt, wie spät es ist, weil niemand eine Uhr gehabt hat, nicht einmal der Pfarrer, so arm waren die Leute, da haben sie meine Mutter, die da ein Kind war, grad in die Schule gegangen ist, auf die Friedhofsmauer gesetzt, die wie von einer Festung herausragt über den Berg, und von wo aus man weit hinaussieht durch das enge Tal bis dorthin, wo es in ein breiteres, reicheres Tal mündet. Dort liegt ein anderes Dorf, und meine Mutter konnte mit ihren scharfen Augen vom dortigen Kirchturm die Uhr ablesen, und danach wurde unsere – ich sage unsere, obwohl ich gar nicht reinrassiger Kelte bin – Turmuhr wieder richtig gestellt.

Auch im Herbst mußte sich meine Mutter auf die Friedhofsmauer setzen und Wache halten, und wenn sie die Männer kommen gesehen hat, hat sie ein freudiges Geschrei erhoben und ist in die Häuser gerannt: sie kommen, sie kommen!, und dann sind die Weiber den Männern entgegengegangen bis zur Brücke. Wie viele? haben die Weiber vorher geschrien. Vierzehn! hat meine Mutter gerufen. Dem Herrn sei Lob und Dank, haben dann die Weiber gesagt und haben sich bekreuzigt, die Kelten sind sehr fromm, es kommen alle zurück. Nicht immer sind alle zurückgekommen. Mancher ist in der Ferne gestorben, und niemand konnte eine so weite Reise tun, um sein Grab zu besuchen. Ja, und dann haben sich die Männer in den niedrigen, hölzernen Häusern um das Herdfeuer gesetzt, haben die schweren, genagelten, jetzt ganz staubigen Schuhe mit ihren harten Händen ausgezogen, haben sie auf die mit Sand gefegten Fußbodenbohlen rumpeln lassen, haben ein schwarzplentenes Mus gegessen und dann ein Goldstück aus einer Tasche oder aus dem Strumpf geholt: den Lohn der Arbeit von einem halben Jahr, und davon mußte die Familie dann bis zum nächsten Frühjahr leben.

Der Stina-Michel, der Großvater, hat als besonders geschickter Zimmermann gegolten. Daß er recht viel mehr als seinen Namen schreiben konnte, bezweifle ich, aber man hat ihm nachgesagt, daß er eine Wendeltreppe ohne Vorzeichnung nur nach dem Augenmaß hat bauen können. Außerdem war er von keltischer Zähigkeit. Die Kelten sind klein, aber zäh, wie du an mir siehst. Wie er gestorben ist, hat meine Mutter gesagt, hat er noch alle seine Haare und alle seine Zähne gehabt. Einmal ist er auf einen Kirchturm, wo er das Gebälk ausgebessert hat, ausgerutscht und ist heruntergefallen direkt in den Friedhof. Das Zimmermannsbeil ist ihm nachgefallen und mit der Spitze der Schneide da her – « Burschi zeigt auf die Stelle unter seinem linken Auge in Höhe des Jochbeines. Bescheiden, als wäre ihm dieser Beweis von Zähigkeit selber widerfahren, senkte er die Stimme: »Seitdem hat er mit dem linken Aug nervös gezuckt, wenn das Wetter umgeschlagen hat.

Ja«, sagte er, »so zäh sind die Kelten. Mein Onkel Seraphim Tschenett war auch so einer. Ein jüngerer Bruder meiner Mutter. Auch er war ein Zimmermann, aber er hat – na ja, bedenke, wie arm die Leute waren, Not kennt kein Gebot – sein Einkommen mit Schmuggeln aufgebessert, bietet sich ja an dort oben. Die Grenze zur Schweiz ist nahe, die Kelten kennen jeden Steig und jeden Tritt in den Felsen und den eisigen Firnen, wo sich nie ein Grenzer hintraut. Meistens sind sie zu viert oder zu fünft gegangen: Kaffee, Zigaretten, Schokolade, Sacharin. Nur der Vetter Seraphim – Vetter ist bei uns, ich sage uns, obwohl, wie gesagt, et cetera, Vetter ist soviel wie Onkel – nur der Vetter Seraphim ist oft allein gegangen. In den Gebirgen haben sie ihn, logisch, nie erwischt, nur einmal unten im Tal, da haben ihm die Finanzer aufgelauert. Vetter Seraphim war der fortschrittlichste Schmuggler: er hat ein Fahrrad gehabt. Das hat er unten am Bach im Wald versteckt, wo der Pfad durch die Schrunden herauskommt. Da haben ihn dann die Finanzer verfolgt. Erwischt haben sie ihn nicht, aber er ist über eine Wurzel gefahren, gestürzt und hat sich die Zungenspitze abgebissen. Er hat geblutet, hat meine Mutter erzählt, wie eine Sau. Sogar die Finanzer sind erschrocken. So hatte Vetter Seraphim Zeit, das Zungenspitzel wieder aufzuheben, in sein Sacktuch zu wickeln und schnell mit dem Rad hinauszufahren nach Mals. Inzwischen haben sich die Finanzer auch von ihrem Schreck erholt und haben die Verfolgung wieder aufgenommen. In Mals ist aber ein Eisen-

bahnzug gestanden, schon fast gefahren – der Stationsvorstand hat schon abgewunken gehabt –, da hat der Vetter Seraphim sein Rad hingeworfen und ist schnell auf den Zug aufgesprungen und nach Meran gefahren und sofort ins Krankenhaus, wo sie ihm das Zungenspitzel wieder angenäht haben. Ja. Mit dem Reden hat er sich von da an schwer getan, aber reden tun sie ohnedies nicht viel, die Kelten.«
[...]

Tage später ist Ballmann wieder zu Hause. Er sitzt den ganzen Tag auf einem Sessel in seinem Arbeitszimmer, er spricht nicht, und er wäscht sich nicht, so daß er mittlerweile ziemlich stinkt. Er glaubt die Welt durchschaut zu haben: Alles ein großes Theater, die Menschen teilt er ein in gute und schlechte Schauspieler. Eines Tages kommt Burschi zu Besuch, Ballmann spricht wieder, und Burschi erzählt.
[...]

»So«, sagte dann Burschi, »das wie sich der Vetter Seraphim die Zunge abgebissen hat, das habe ich Ihnen schon erzählt?«

»Ja«, sagte Ballmann.

»Ich erzähle nämlich die Sachen öfter«, sagte Burschi, »obwohl niemand so gut zuhört wie Sie –, ich erzähl' sie öfter, und da bring' ich durcheinander, manchmal, wem ich was schon erzählt habe. Habe ich das vom Großvater Stina-Michel und wie er vom Kirchturm gefallen ist, erzählt?«

»Auch«, sagte Ballmann.

»Das vom Vetter Benedikt und der Quadratur des Kreises?«

»Nein!« rief Ballmann.

»Also gut«, sagte Burschi. »Der Vetter Benedikt. Ich habe ihn selber noch gekannt, kann mich ganz gut an ihn erinnern. Er war groß und dick, und wenn er zu meiner Mutter gekommen ist, und sie hat aufgetischt und gesagt: Benedikt, nimm Kraut und nimm Erdäpfel! hat er immer noch ein Stück Geselchtes aus dem Kraut herausgefischt und gesagt: Ja, ja – Fleisch ist auch gut. Der Vetter Benedikt war ein Weltmann – für keltische Verhältnisse, versteht sich – ein Weltmann, und ist so elend zugrunde gegangen.«

Burschi hatte die Stimme gesenkt, blickte düster vor sich hin. »Es scheint das Schicksal aller Kelten zu sein und nicht nur der einzelnen Kelten: der keltischen Völker überhaupt – daß sie elend zugrunde gehen.« Burschi seufzte tief und ließ seine lange, bräunliche Zunge um die Lippen schnellen. »Ja«, fuhr er dann fort, »der Vetter Benedikt. Er war der älteste Bruder meiner Mutter, der älteste Sohn des alten Stina-Michel und Zimmermann wie sein Vater, aber er hatte den Drang zum Höheren. Ein Zimmermann hat ein, wenn ich so sagen darf, natürliches Interesse an der Quadratur des Kreises, weil ja – «, Burschi untermalte diese mathematischen Ausführungen mit anschaulichen Handbewegungen » – aus *runden* Baumstämmen *viereckige* Balken gemacht werden müssen. Vetter Benedikt war, wenn man den Fachleuten glauben darf, die ihn gekannt haben, ein außergewöhnlich begabter Zimmermann. Ich weiß nicht, ob ich erwähnt habe, daß mein Großvater, der Stina-Michel, in der Lage war, eine Wendeltreppe ohne Plan, mit freiem Auge zu bauen, was sehr schwer ist, habe ich mir sagen lassen. Der Vetter Benedikt hat noch ganz andere Sachen gemacht. Zum Beispiel – das war schon zu der Zeit, wo er sich eigentlich viel lieber mit der Quadratur des Kreises beschäftigt hat und am allerliebsten im Gasthaus gesessen ist –, zum Beispiel hatte er den Auftrag, für den Deutschen Alpenverein eine Schutzhütte zu bauen, in den Dolomiten. Er hat den Auftrag zwar angenommen, aber die Arbeit wegen seiner Beschäftigung mit der Quadratur des Kreises immer wieder hinausgeschoben – wie wir Kelten ja leider dazu neigen, gewisse Dinge, namentlich, wenn sie mit Mühe verbunden sind, ein wenig auf die lange Bank zu schieben. Ja, so ist das leider gegangen. [...]«

»Und die Quadratur des Kreises?« fragte Ballmann.

»Die Quadratur des Kreises, ja –« sagte Burschi. Ich verstehe nichts davon; soviel ich gehört habe, sollen sie ja nur herausgefunden haben, daß es nicht geht –, aber das hat der Vetter Benedikt nicht geglaubt, und irgendeine Zeitung in Amerika – der Vetter Benedikt hat das genau gewußt alles, war auch in Korrespondenz gestanden – hat es auch nicht geglaubt, und hat einen Preis ausgesetzt für den, der das löst. Hunderttausend Dollar. Das war damals noch viel mehr Geld als heute. Ob du es – ob Sie es glauben oder nicht«, sagte Burschi, »vor ein paar Jahren war ich auf einer meiner vielen Reisen in Bozen. Dort habe ich in einer Buchhandlung, in der ich zufällig geschäftlich zu tun gehabt habe, ein kleines Heft auf dem Ladentisch liegen sehen. Nur so aus Beschäftigung für die Finger habe ich in dem Heft geblättert. Es war ein ganz unscheinbares Heft: eine Tabelle für Holzarbeiter. Ich habe es mir dann erklären lassen. Wenn ein Baum gefällt worden ist, oder womöglich schon, bevor man ihn fällt, ist es günstig zu wissen, wieviel Balken oder Bretter oder Festmeter oder was der Baum hergibt. Verstehen Sie? Ja. Das ist nicht einfach auszurechnen, weil der Baum seiner Natur nach quasi rund ist. Logisch. Du kannst mir folgen? Gut.

Balken sind aber viereckig. Habe ich schon erwähnt. Ich bin zwar kein Zimmermann, wie meine Ahnen, leider nicht, aber als Waldarbeiter war ich schon mehrfach tätig. Und außerdem ist der Baum naturgemäß oben dünner als unten. Auch logisch. Die Bretter sollen aber überall gleich dick oder breit sein. Leuchtet Ihnen ein? Ja. Also insgesamt ein sehr schwieriges Problem. Da gibt es also eine Tabelle, dieses Heft, da braucht man nur den Baum messen, unten und oben und die Höhe –«

»Wie kann man einen Baum oben messen, wenn er noch steht?«

»Man könnte hinaufsteigen, aber das tut kein Waldarbeiter, weil ein Waldarbeiter kein Eichkatzl ist, nein: Da gibt es gewisse Tricks, die stehen auch in dem Heft, aber das würde jetzt zu weit führen. Jedenfalls mißt man also den Baum, dann hat man drei Zahlen, und man schaut dreimal in dem Heft nach – und man weiß, wieviel Festmeter et cetera der Baum abgibt. Und wissen Sie, von wem das Heft war? Von Benedikt Tschenett aus Stilfs, Zimmerermeister. Von Vetter Benedikt! Sechsundvierzigste Auflage –! Das war vielleicht vor zehn Jahren, daß ich das Heft gesehen habe, und der Vetter Benedikt ist 1941 oder 42 gestorben – « Burschi senkte wieder seine Stimme und wiederholte das Wort: » – gestorben, wenn man so sagen kann. Ja. Sech-

Kaum ein Vinschger Dorf ist so stark literarisiert worden wie Stilfs.

sundvierzigste Auflage. Ich bin sicher, daß die Familie vom Vetter Benedikt nie einen Pfennig von dem Geld gesehen hat, was der Verlag damit verdient. Na ja. Aber das ist doch großartig? So lang nach dem Tod, und immer noch schlagen Waldarbeiter das Heft auf, das er geschrieben hat, mein Onkel, der Vetter Benedikt, wenn sie wissen wollen, wieviel Festmeter der Baum abgibt, den sie schlagen wollen. Ich weiß nicht, ob der Vetter Benedikt dadurch, daß er diese Tabelle verfaßt hat, auf die Quadratur des Kreises gekommen ist, oder ob die Tabelle quasi ein Abfallprodukt seiner Beschäftigung mit dieser Quadratur war. [...]«

An einem 6. Juni schließlich verschwindet Dr. Martin Ballmann mit Burschi, für immer.

Ludwig Paulmichl, geboren 1960, aufgewachsen in Stilfs und heute Verleger in Wien, hat als Zwanzigjähriger einen autobiographischen Text verfaßt, der der (heimeligen) Enge seines Heimatdorfes die ersten Eindrücke aus dem Leben in der Universitätsstadt Wien gegenüberstellt. »Sätze und Absätze aus der Prosa ›Stilfs‹« (1980) skizziert Stilfs durch ein Gespräch im Gasthof »Sonne«, dem als Ort der öffentlichen Kommunikation ein Wiener Kaffeehaus gegenübersteht. Statische Lebenslust in Stilfs, todes- und weinseliges Flanieren in Wien.

Ludwig Paulmichl

Sätze und Absätze aus der Prosa »Stilfs«

[...]
Im Gasthof Sonne sitze ich in der hinteren Stube.
Ein Freund ist da.
Männer spielen Karten.
Die Bauern reden über das Vieh und das Wetter.
(Es ist gut so. Alles in Ordnung.)
Stilfs ist ein Ruhepol für Städter.
Mein Freund sollte sich die Haare schneiden
und mitspielen.
Er kann nicht weg. Sein Alltag ist eine »rabenschwarze
Abgeschlossenheit«.

Er hat noch seine Schule und die Möglichkeit zu entweichen auf den Sommer verlegt. Seine Tagträume sind von einer Umgebung-überbrückenden Bestimmtheit.
Ich kann mitmachen wann immer ich will.
Mit der Herzlichkeit »gegen« Fremde werde ich in meinem Heimatort aufgenommen.
Ich bin kein Dorn im Auge.
An unbekannte Einheimische hat man sich in derselben Weise wie an Touristen gewöhnt.
Ich bin nicht lästig.
Ihre Spielregeln sind die alten.
An einem Tisch gibt jeder eine Runde aus.
»Wie es mir geht? Gut!«
Man sieht mich nie.
»Ich bin meistens fort.«
»Wohl bald ein Doktor?«
Man wartet auf Schnee. Heuer ist wenig.
»Das Militär wirst du auch noch machen müssen.«
Die Alterskollegen zeigen ihre Schadenfreude offen.
Es geht sie weiters nichts an.
Sie leisten ihren Dienst und warten auf das Leben, welches nachher richtig beginnen soll.
»Ihr seid noch jung«, sagte ein Alter.
Er wartet auf den Wechsel der Jahreszeiten.
Der Kautabak geht ihm nicht ab.
Hin und wieder schauen sie aus dem Fenster, ob am Ortler Wolken aufziehen.
»Wenn schon Winter ist, soll es auch schneien!«
Im Frühling ist der Schnee unerwünscht.
Der Lauf der Dinge unterliegt der Macht der Obrigkeit.
Mein Freund sagt: »Ich will dich besuchen kommen in Wien.«
»Ruf vorher an«, sage ich.
An meinem Tisch gibt jeder eine Runde aus.
Das Kartenspiel ist die Leidenschaft der Stilfser.
Draußen spazieren die Frauen vorbei.
Es ist Sonntag und die Meister treffen sich.
»Spiel deinen Trumpf aus!«
Die Mädchen warten in der Bar, daß sie abgeholt werden.
»Ihr seid noch jung und schön«, sagt der Alte und »wir haben nicht soviel gehabt vom Leben, zu unserer Zeit.«

Die Bauern reden über den Rückgang des Tierbestandes.
Früher war die Kuh eine Lebensnotwendigkeit.
Die Arbeitsmöglichkeiten haben sich verlagert.
Das Auto hat den Karren ersetzt, mit welchem früher von
Arbeitsplatz zu Arbeit gezogen worden ist. Der Arbeitsplatz
ist vom Wohnort pendelnd erreichbar.
»Euch geht es gut heutzutage«, sagt jemand, wahrscheinlich
einer der ewig Alten.
Das Mädchen hinter der Theke kennt alle. Ihre »Jugend« gefällt
den Männern.
»Ja, ja«, sagt einer und ich »ja, ja.« Wir nicken.
[...]
Von einer gestellten Arbeit gehe ich über zu einer neuen. Nichts beende ich. Von der Universität lenkt mein Schritt ins Kaffeehaus.
Ich sehe alten Leuten zu.
Die Zeitung entblättere ich. Nachrichten dringen ohne allzugroßes
Miterleben in meinen Wahrnehmungsbereich.
Draußen dunkelt es.
Die Kellner schlängeln mit der ihrem Beruf gemäßen Aufdringlichkeit
zwischen den Tischen.
Zwei Stunden verharre ich am Nebentisch eines Schriftstellers.
»Ich habe Zeit«, sage ich.
Dann rufe ich die Bedienung und trete nach Begleichung der Schuld
auf die Straße.
Ich wechsle Lokal.
»Was willst du«, sagt ein Freund, »unser Zug ist längst abgefahren.
Wir haben nichts zu hoffen. Bestell dir ein Glas; jag dir das Gift in die
Adern und schau, daß du von einem Tag zum anderen kommst.«
Das Beisl ist berstend voll. Der Rauch drückt zu Boden.
Ich sage: »Du hast recht, wir sollen nicht hoffen. Es ist Schwäche,
wenn ich es trotzdem mache.«
Am Tisch häufen sich die Gläser.
Wenn ich die letzten Schritte bettwärts mache, begegne ich an
Straßenecken meinen Geliebten.
(Die Nacht ist kalt.)
Ihre Kleidung immer sommerlich luftig. Die Farben ihrer Stiefel sind
von einer verkehrsschildmäßigen Deutlichkeit.
Die letzte Straßenbahn hat mir den Rücken gekehrt.
Die Schuhsohlen lärmen nicht.
An Ampeln warte ich auf das Grünzeichen für Fußgänger.

Regeln gelten mir im Maße meines Wohlbefindens.
Streifenwagen mit Blaulicht strafe ich mit Nichtbeachtung.
Vor den Schaufenstern tastet mein Blick die Preistafeln ab.
Anderntags ist Wien freundlich.
Das Riesenrad im Prater dreht sich noch nicht.
In den Spielsalons klingeln die Glocken der Flipper.
Einige Zeit beuge ich mich darüber und drücke die Klappen.
Die Kugel springt ein Punkteschild an. Das Geldspiel hat sich nie bezahlt gemacht.
Hundert Schilling verlieren sich in den Eingeweiden der Maschine.
Auf den Wegen von Abenteuer zu Geldverlust streunen Kinder.
»Traditionsbereiche sind austauschbar. Tradition ist die Faulheit zur eigenen Erfahrung«, sagt ein Freund.
Wir ziehen am Stefansdom vorbei
und lachen.

Ludwig Paulmichl hat als Übersetzer an »Lichtbrechung« (1987) mitgearbeitet. Diese Sammlung ist die erste deutschsprachige Ausgabe des italienischen Lyrikers Andrea Zanzotto, der 1921 in Pieve di Soligo in der norditalienischen Provinz Treviso geboren ist und dort lebt. Einige der in »Idioma« (1986) erschienenen Gedichte Zanzottos sind im trevisanischen Dialekt geschrieben. Für die Übersetzung ins Deutsche hat Paulmichl den Stilfser Dialekt verwendet, mit dem er aufgewachsen ist. Aus »Schpinnarinnan« klingt ein wehmütiger Hintergrund herüber; ausdrucksstarke Bilder verselbständigen sich in »Orms Hontwerk« und rücken das Gedicht in die Nähe hermetischer Lyrik.
Zanzottos Gedichte sind keine Vinschgau-Texte im engen Sinn. Doch die ausdrückliche Verwendung des Stilfser Dialekts für die Übersetzung stellt die Gedichte in ein anderes, genau definiertes geographisches Umfeld, in dem die Texte ihre eigene Dynamik entwickeln.

Andrea Zanzotto
Übersetzung von Ludwig Paulmichl

Schpinnarinnan

Schpinnan mit dr Schpuol unt mit dr Schpindl
di Sunn schunn tiaf unt di Taag wearn kirzr unt vrgean umman
    Oufn ...
Schpinnan di gonzn Schtundn durch
dia neamatt zoolt
wail di Waibr – woos ma woaß – nix zeiln.
Flax Woll unt Lainan
rupfene Tiachr unt di fainan
firr di gonzn Lait vann Dorf:
unt inzr Zait dia nix giltatt
nitt amool sevl wias Tscheedrn umman Oufn ..

Orms Hontwerk

[...]
A sou, untrn ausglimmatn Kamiin
wenn a Pua
durch des kloan Fentschtr gschaugg hott
hell nu znocht
mittlt in Ruaß
(ooh, deis schean Ploob, deis Silbr
deis Krooblan vonn Wintr deis in Fentschtr laichtat
va Klaare unt Schnea):
wer isch doo vrbaigongan, eppr, wer hott aff dr Schaipp
zuiklopft unt isch vrschwuntn
ii woaß it mea haatschatt oodr tonzatt;
Naandl, saintze olle ass Enkr Zait gweesn,
mitn Hungr nu vann Zigoure, mitn Duurscht nu
vann Lepps, mit iiran Gschint
deis aana s'Gschtell vrhunzt hott
unt goor aa 'sGmiat?
Oobr mit miar, ass Pua, hoobmse a Hetz gmocht

guat aufglegg ollm unt voll Giat ...
Unt ii siichs nu, moane, miar Gsichtr schnaidn,
plinzlan, pfnuttrn, unt nochr pfiatn ...

Wie so oft, finden sich ortgleiche Texte bei Georg Paulmichl und Wilhelmine Habicher: »Stilfs« (1994) und »Stilfs im Vinschgau« (1989).

Georg Paulmichl

Stilfs

Stilfs ragt hoch.
Enge Gassen erklimmen die Höhen.
Steile Häuserwände fallen auf Stilfs hernieder.
Ein Häufchen Menschen bewohnen den Stilfser Raum.
Manche Leute finden in der Kirche von Stilfs keinen Platzmangel.
Ein großer Friedhof bestattet die Bevölkerung.
Der große Theatersaal gibt den Stilfsern das Sehen und das Staunen.
Waldeslust lockt die Tiere ins Freie.
Der Fremdenverkehr hat in Stilfs keine Kraft.
Die Menschen in Stilfs haben auch gute Seiten.
Beichten gehen sie nie.
Unter Stilfs sitzen tiefe Abhänge.

Wilhelmine Habicher

Stilfs im Vinschgau

Bisch a Bergdörfl, a saubrs,
fain zuikleppat affn Hång;
hosch frischpfiffige Lait
mittan schmissign Gsång. –
Si ziachn außi int Welt
und learnan viile Sproochn.
Neïna unt Nanl miaßn drwail

drhoam in Åckr broochn. –
Sainzi wiidr doo vat Saisoun,
vat Schwaiz, van Joch, va Suldn,
zoolnsi schnell åll iire Schuldn. –
Si putzn, si mischtn, si gratschn, si schnåppn
firr di Åltn wars z'gfaarla,
in di Rean ummr z'tåppn. –
Genau isch ålls inntoalt,
ass hatts ållm schun sou kheart. –
Nittlai schean sain di Schtilzr,
a weïrla unt fruati,
wiama sou heart!

Stefan Zweig, ein weitgereister Kosmopolit, fuhr um die Jahrhundertwende über das Stilfser Joch. Nicht in seiner üblicherweise glasklaren Prosa, sondern mit einer durcheinandergerüttelten Sprache schildert er 1905 die überwältigenden Eindrücke im Hochgebirge. – Zweig, 1881 in Wien geboren, war Sohn einer wohlhabenden jüdischen Industriellen-Familie, er studierte Philosophie, Romanistik und Germanisitk, reiste viel und arbeitete als Schriftsteller und Übersetzer. Zwischen 1919 und 1935 lebte er in Salzburg, emigrierte dann nach England, später nach New York und schließlich nach Petropolis in Brasilien, wo er 1942 zusammen mit seiner zweiten Frau freiwillig aus dem Leben schied. Bedeutend sind seine novellistischen, essayistischen und biographischen Arbeiten.

Stefan Zweig

Stilfserjoch-Straße

[...]

Am Morgen noch schleifen die Nebel wie Schleier geheimnisvoller Riesenköniginnen um die Fenster, und die Berge stehen im Dampf. Aber wir wagen die Weiterfahrt. An der drohenden Festung Nauders vorbei eilt der Wagen, verläßt das Inntal und damit für einige Zeit die drohenden Felswände. Am hübschen Dorf Reschen vorüber und an dem tiefgrünen verlassenen See, der berühmten Wasserscheide zwischen dem Adriatischen und Schwarzen Meere, in stetem Nieselregen gelangen wir endlich nach St. Valentin, wo zum erstenmal die langersehnte Kette des Ortlers aufglänzt. Aber es ist nur ein halber Glanz: die weißen Nebelflocken lagern schwer um die Spitzen, und nur mit flüchtigem Gruß enthüllt sich manchmal einer der hohen Herren. Aber wir wissen ja, daß dies alles nur Präludium ist.

Erst bei Neuspondinig, einem jener nichtssagend-hübschen Tiroler Dörflein, beginnt die eigentliche Stilfser-Joch-Straße. Spätnachmittags kamen wir hin, und die Luft begann sich zu klären. In einem breiten, steinigen Bett poltert der Trafoier Bach hart neben der Straße, eisigen Gischt aufsprühend, der die Luft mit einer wunderbaren Schneekühle füllt. Der Weg wird wieder beschwerlich, die Pferde gehen in schwerem, ganz langsamen Trab. Furchtbar wölben sich die Gebirgsmassen über die steigende Straße, die mit ihrem weißen, eleganten, schmalen Strich wie etwas sehr Verwegenes erscheint in dieser Riesenwelt, die stetes Donnern des Wassers erfüllt. Ein Gefühl zwischen Angst und Ehrfurcht spürt man selbst in dieser stummen Welt, jenes leise Unlustgefühl vor dem nur Erhabenen, wie es Kant definiert: aber es löst sich plötzlich – fast in einem Schrei – in die reine Empfindung der Bewunderung, denn wie die Straße zur Höhe wendet, wo Trafoi liegt, glänzt ein Panorama von unvergeßlicher Schönheit auf. Das Massiv des Ortlers und das des Monte Livrio, geschwisterlich in unfaßbaren Höhen verschlungen, ringt sich aus dem nunmehr ganz zarten Nebel, und breite weiße Ferner, eine blanke Gletscherwelt hellt wunderbar die Landschaft. Und schon sieht man in das herrliche Profil dieser Alpenwelt klein, ganz klein das Dörfchen Trafoi gestellt und das hübsche Hotel, das mit der Fahne zu winken scheint. Man kommt näher, ohne es zu merken, denn die Gletscher und Höhen, von denen Wasser in wilden und fast verzweifelten Sprüngen niederfällt, der

Gischt des Baches, der aus Eisbrücken sich durchringt, die breiten Geströme Geröll, die von ungeheuren Winterlawinen reden, das seltsame und fast giftige Grün der Muränen, und selbst der Himmel, dieser unruhige, stets wolkenjagende nahe Himmel, der sich nur von Spitze zu Spitze zu spannen scheint – das alles hat nicht sobald ein Gleiches in der jähen Größe der Erscheinung.

Die Nacht über rasten wir im schmucken Hotel Trafoi. Aber am nächsten Tage scheint uns, da wir uns schon den zweitausend Metern bedenklich nähern, selbst der träge, aber regelmäßig vorwärtsziehende Trott des Wagens zu eilig. Oder erwacht erst auf solchen Höhen die touristische Seele in manchen Menschen, bedarf sie, wie die Pflanzen der Sonne, erst der Gletscher und Muränen, um zu erwachen? Wir marschieren zu Fuß. Und noch mehr. Die prächtige, in Zickzackwindungen die ungeheuren Höhen ersteigende Stilfserjochstraße, die dabei glatt und wohlgepflegt ist wie eine Trabrennbahn, scheint zu einfach: wir wählen komplizierte Steige, nur um den wundervollen Bau dieser Straße bewundern zu können, die weiß und glatt wie eine helle Schlange zur Paßhöhe emporklimmt. Beim weißen Knott schon, einer Steinpyramide, die über das Trafoital stolz hinabsieht, geschieht uns ein Seltsames: ein absoluter Wandel unserer Weltgefühle. Trafoi, das wir gestern im Kommen und Steigen als helles Ziel bewunderten, ist vergessen, verloren, ein ärmliches Pünktchen in dem tieftiefen Tal, das wie von einem Riesenkreisel in diese ungeheuren Massen eingedreht scheint. Die Ferner, von der Tiefe zuerst weiße Funken, dann helle Tücher, die weither fast schon im Himmel zu winken scheinen, sind nah, ganz nahe, und die Riesen wie der Ortler und der Madatsch, gestern noch Türme in den Wolken, heute sind sie erreichbar, Freunde fast, gewaltige Gesellen, zu denen man hingehen könnte. Und wirklich, sie kommen heran, wie man höher steigt; Schnee, leibhaftiger Schnee liegt auf der Straße, und die breiten Eisströme sind nur mehr Schritte vom Paß entfernt. Dabei bleibt die Straße, dieses Kunstwerk der Österreicher, noch immer, als ginge sie durch bunte Wiesen: Automobile töffen gemächlich hinauf, mit hellen Klingeln befährt sie die Post. Grandios wird das Panorama: Berge tauchen rechts und links auf mit weißen Kapuzen, mehr und mehr, längst haben die Bäume aufgehört, selbst das letzte Grün ist verschwunden. Auf der Paßhöhe, bei dem Hotel ist die Grenze, die Dreisprachenspitze. Man kann sich eine Zigarette anzünden, von der Hoteltür aus Österreich nach Italien, von Italien nach der Schweiz, von der Schweiz wieder nach Österreich gehen, und der Stummel brennt noch: immerhin ein hübscher Scherz auf 2800 Meter Höhe. Die Aussicht wächst hier ins Grenzenlose, kaum trägt die dünne Luft den Blick. Jedoch der ›Faust‹-Chor der seligen Knaben kommt einem in den Sinn:

> »Das ist mächtig anzuschauen,
> Doch zu düster ist der Ort.«

Die Nebel kreisen um die Höhe, fast tappt man im Rauch. Gern steigt man wieder die Straße hinab, aber nun Italien zu. Ein paar Schritte nur, schon ist man an der Grenzkantoniera, und die ersten Bettler belehren einen durch ihre Gegenwart, daß man wahrhaftig schon in Italien ist. Wieder winden sich die Schlangenkehren der Straße – »die die Österreicher uns gebaut haben«, wie hier triumphierend die Italiener sagen – in prächtigen Serpentinen hinab. Und, als ob mit der Grenze auch schon jene helle Welt beginnen wollte, glänzt der Himmel enzianblau auf, zart und weiß nurmehr wandern die Wolken. Wie sich die Straße senkt, belebt sich das Bild. Ein anderes, volles, saftiges Grün überspinnt den Fels, jenes helle, wunderbare Mattengrün der Bilder Segantinis, und schon fühlt man jene Luft, die man auf seinen Bildern zu schmecken vermeint, diese schneekühle, von Alpenblumenduft mild gewürzte, unendlich reine Luft der Gebirgswiesen. Die Berge sind nicht minder hoch, doch beugen sie sich freundlicher ins Tal hinab. Hütten wagen sich an sie heran. Die Straße zackt sich mehr und mehr, durchbricht in vielen Tunnels, in denen schwarz und kalt das Wasser tropft, den Fels und zieht mit dem Braulio, der wie ein Füllen unablässig von Stein zu Stein springt, hinab zur Adda. Und plötzlich – es ist ein Ereignis in einem Leben – wie sich die Straße, noch immer mehr als tausend Meter hoch, kehrt, leuchtet das tiefgrüne, schon mit hellem Getreide durchflecktes Tal von Bormio einem entgegen, ein so gesänftigter, milder, wunderbarer Blick, den man nicht mehr vergißt, alle Süße Italiens eingefaßt in eine Kette hoher Schneeberge. Ganz, ganz langsam, mit zögerndem Schritt geht man in das Tal hinein, das fast nicht tiefer liegt als Trafoi. Aber hier leuchten Rosen im Garten des Hotels, dunkle Bäume umschlingen zärtlich die Felsen, Und nun scheint die Straße nicht mehr kühn und trotzig wie in Tirol: sanft und zärtlich will sie hinüberlocken in das Veltliner Tal, wo die großen, dunklen Edeltrauben glühen und der wunderbare Wein Italiens in der Sonne purpurn funkelt wie heißes Blut.

Nun zwei Gedichte, die auch die Dörfer Trafoi und Sulden zu literarischen Ehren kommen lassen: »Hoch Trafoi!« von Fridolin Plant und »Schiifoorn in Suldn« von

Das Trafoi-Hotel. Historische Aufnahme aus dem Jahre 1898.

Arthur Lesina Debiasi. Plant wurde 1838 in Tschengls bei Laas geboren, er arbeitete als Verleger, Buch- und Kunsthändler in Meran und trat dort auch als Fremdenverkehrspionier in Erscheinung. Er verstarb im Jahre 1911 in Meran. »Hoch Trafoi!« ist 1907 in seinem »Reise-Führer durch Vinschgau und dessen Seitentäler« erschienen.

Fridolin Plant

Hoch Trafoi!

Fensigowes Gletscherthrone
Blau umstrahlt von Südlands Himmel
Seid mir tausendmal gegrüßet
Oestreichs Bergwelt, stolze Krone!

Hinter uns des Alltags Plunder
Lassen wir getrost versinken,
Steigen jauchzend in die Höhe,
Selig atmend Deine Wunder.

Unten dröhnt des Bergbachs Tosen,
Oben grünen saftige Matten
Und in stillen Wäldern blühen
Purpurrote Alpenrosen.

Adlerschrei und Gemsenpfeifen
Hallen von der Felswand wieder
Wo der Schwall des Wildachs stürzet
In der Sonne bunten Streifen.

Ueber all den Herrlichkeiten
Hoch am blauen Firmamente
Ueberwältigend zu schauen
Sich der Eiswelt Wunder breiten.

Höhere Gedankenwellen
Neue Kraft und neues Fühlen
Machen mächtig Deine Seele
Und froh zu bess'rem Dasein schwellen.

Arthur Lesina Debiasi (Jahrgang 1925) war Bauunternehmer und Bürgermeister in Naturns. Seit einigen Jahren versucht er sich als Mundartdichter. Sein Bändchen »Nimms wias isch« (1995) enthält das Gedicht »Schiifoorn in Suldn«, *Suldn* reimt sich auf *Schuldn* ...

Arthur Lesina Debiasi

Schiifoorn in Suldn

Kopf ibert Oorsch
in Schnea innikuglt,
di Schtiizn frdraant,
di Housn drmuuglt,

an Schtekkn oogrissn,
di Noos drschuntn,
di Zeachn drfrourn,
in Schii nimmr gfuntn.

Wailsmr dechtrsch guat gfållt,
plaibi lång nou in Suldn.
Taat s' Gelt nimmr glången,
nårr måchi hålt Schuldn.

Am Marmorberg

Laas ist eines der am häufigsten literarisierten Dörfer des Vinschgaus. Einmal ist es der weiße Laaser Marmor, der die Wortkünstler fasziniert. Zum anderen ist Laas eng mit dem Lebenswerk von Franz Tumler verbunden, der sich an diesem Dorf sozusagen emporgeschrieben hat: In vielen seiner frühen Erzählungen und auch in einigen seiner späteren großen Romane ist Laas – oft namentlich nicht genannt – Schauplatz des Geschehens. Tumler wurde 1912 in Bozen geboren, ein Jahr später starb sein Vater, und seine Mutter, eine gebürtige Wienerin, zog mit ihm nach Linz. Seit 1952 lebt Tumler in Berlin. Sein Großvater väterlicherseits stammte vom Schlanderser Sonnenberg, seine Verwandten wohnen in Laas; seit seiner frühen Jugend besucht er regelmäßig dieses Dorf, zu dessen Ehrenbürger er mittlerweile ernannt ist. Die stark autobiographische »Geschichte aus Südtirol« (1936) ist eine der ersten Erzählungen von Tumler. Seine Nähe zum Nationalsozialismus tritt hier offen zutage. (Nach 1945 wird sich Tumler kritisch mit seiner politischen Vergangenheit auseinandersetzen.) Die »Geschichte aus Südtirol«, die seit ihrem ersten Erscheinen aus verständlichen Gründen nie mehr nachgedruckt wurde, ist in zweierlei Hinsicht interessant: Zum einen als historisches Stimmungsbild, zum anderen wegen ihrer expressiven, psychologisierten Sprache, mit der der 24jährige Tumler aufgefallen sein mag.

Der arbeitslose, in Südtirol geborene und nach Deutschland ausgewanderte Geologe Ernst Weber besucht zum ersten Mal seine Verwandten, die Familie Hilber, in Laas. Ernst hat in Deutschland laut für die deutsche Sprachgruppe im mittlerweile faschistischen Südtirol Partei ergriffen. Doch er ist empört darüber, daß man in Deutschland den Faschismus in Südtirol zwar beunruhigt zur Kenntnis nimmt, jedoch ohne sich offen dagegen aufzulehnen, aus Rücksicht auf das immer freundschaftlichere Verhältnis zwischen Hitler und Mussolini. Der Nazi-Propagandist Ernst muß erfahren, daß seine Empörung eine recht papierene ist, als er merkt, wie problematisch und zwiespältig die Südtiroler Realität ist: Sein pragmatischer Cousin Hans Hilber hat sich mit der italienischen Obrigkeit arrangiert, er hat eine führende Position im Marmorbruch inne und ist Pionier der faschistischen Jugend, und trotzdem ist er bei der Dorfbevölkerung eine angesehene Persönlichkeit. Hans macht es möglich, daß Ernst zusammen mit dem italienischen Montaningenieur Cartucci den Marmorbruch besuchen kann.

Franz Tumler

Geschichte aus Südtirol

[...]
Auf dem Wege zur Talstation stellte Ernst, der seinem Gespräch nahekommen wollte, Fragen, wie sich der Italiener am Werktage verhalte, ob er ein guter Arbeitskamerad sei, ob deutsche Arbeiter und italienische irgendeine Ebene fänden, auf der sie miteinander auskämen.

Der Vetter antwortete ruhig und sachlich, aber er ließ von seiner eigenen Meinung wenig mitsprechen, und dann zeigte er auf den Hang vor ihnen, der mit dichtem Wald bestanden war, in den Wald war eine schnurgerade Blöße geschlagen, durch die zwei Schienen gezogen waren, die oben in einem hellen Gebäude verschwanden.

»Das ist die schiefe Ebene«, sagte Hans, »die Steigung ist sehr groß, fünfundachtzig Prozent, und oben ist die Bergstation. Von der führt eine waagrechte Bahn am Berg herum bis gegenüber vom Bruch, wie du dann sehen wirst. Dort ist dann noch quer über die Schlucht eine Drahtseilbahn gebaut.«

Bei der Talstation standen Holzbaracken auf einer zerstampften Wiese, eine in die Erde versenkte Betonstraße fing die Schienen der Rampe auf und leitete die Wagen auf die graden Gleise der Förderbahn des Tales. Da blieb Hans stehen und sagte:

»Diese Wiese hat früher uns gehört, sie hat nicht viel getragen, und die Verwaltung hat sie uns um ein schönes Stück Geld abgelöst, um das konnten wir am Haus aufbauen.«

Sie setzten sich an den Rand der Betonmauer, ein wenig entfernt von den Gruppen der Arbeiter, gelernter Leute von Carrara, die im Grase lagen und die Hüte ins Gesicht geschoben hatten. Es war ein sehr heißer Tag.

»Wir müssen noch warten bis zwei Uhr«, sagte Hans, nachdem er sich bei einem Burschen erkundigt hatte, »da ist Schichtwechsel und wir können mit hinauffahren.«

Ernst dachte, jetzt sei eine günstige Zeit, mit dem Vetter zu reden und er sagte: »Ich habe gestern mit deiner Mutter gesprochen, ihr habt es sehr schwer und unsereins hat davon gar keine Ahnung. Ich habe sehr viel Achtung vor euch bekommen. Ihr haltet alle gut fest an eurer Deutschheit und seid doch ganz einzelne, ohne jede Hoffnung, weil das Spiel mit dem Italiener sehr klug gespielt werden muß.«

»Ja«, antwortete Hans, »ich will dir etwas sagen: es ist nämlich ganz und gar nicht so, wie ihr von draußen es euch vielleicht einbildet: unterdrücktes Volk, blutendes Land usw., ich habe ja die Karten gesehen, mit denen ihr uns zu Hilfe kommen wollt; in Wirklichkeit spielt sich das sehr unauffällig ab. Freilich ist auf den deutschen Privatunterricht Strafe gesetzt und es darf kein deutsches Lied gesungen werden, du mußt wissen, was jenseits von dem geschieht, das in die Augen fällt, auch wenn es nicht die Bürger in Meran und Bozen betrifft. Bei mir verhält es sich zum Beispiel so: ich bin im Amte, weil niemand sonst Bescheid weiß über die örtlichen Verhältnisse als ich, und ohne das geht es nicht, deshalb brauchen sie mich.

Eine Zeitlang haben sie einen Burschen aus Cremona gehabt, es mit ihm probiert und mich auf die Straße gesetzt, dann hat er den Karren verfahren und ist mit der Kasse durchgebrannt, und sie haben mich wieder genommen, aber seit dem Tag bin ich Commandante der Avanguardisten im Dorf. Damals hat mich der Podestà auf sein Zimmer geholt und hat gesagt: ›Signore, Giovanni Ilber, Sie wissen von den Widerständen der Bevölkerung gegen unsere Ämter, Sie haben ein Interesse daran, daß diese Widerstände ersetzt werden durch eine andere Einstellung zu unserer Tätigkeit im Oberetsch. Sie wissen, daß in ganz Italien die Aufnahme von Erwachsenen in die Partei gesperrt ist und nur für das Oberetsch ist eine Ausnahme gemacht worden, daß die Burschen bis zum fünfundzwanzigsten Lebensjahr beitreten können‹, – und so quatschte er noch eine Zeitlang und seit diesem Tag bin ich eben Commandante. Die Sache ist auch noch so, daß für mich der Stellungsbefehl daheim liegt, auf den mir durch die Verwendung des Podestà ein Jahr Aufschub gewährt worden ist, des Amtes wegen, aber im Winter muß ich hinunter nach Bari und Palermo und werde dort achtzehn Monate als Radiotelegraphist ausgebildet. Bei dieser Truppe geht es jedem gut, habe ich sagen gehört.«
[...]

Wie er noch redete, kam ein langer schwarzer Mann mit einem breiten Hut und einer offenen Bluse aus der Hütte gelaufen, die Arbeiter standen vom Boden auf, wie sie ihn sahen.

»Das ist der Ingenieur, der Schichtführer Cartucci«, sagte Hans und er trat zu dem so Bezeichneten. Der kam, nachdem Hans mit ihm ein paar Worte gewechselt hatte, auf Ernst zu und streckte ihm die Hand entgegen.

»Guten Tag«, sagte er in gutem Deutsch, »Sie wollen den Bruch sehen?«

Ernst war erstaunt, den Mann deutsch reden zu hören und er sagte: »Wie kommt das? Sie sind der erste Italiener, dem ich zwischen Brenner und Bozen und hier begegne, von dem ich ein deutsches Wort höre. Wie kommt das?«

Da rief der andere: »O, ich bin lange bei euch gewesen, in Bergwerken, und die Maschinen und die schiefe Bahn hier sind auch von Deutschen gebaut: Bleichert & Co.«

Da hatte aber das Gespräch ein Ende, das Zeichen zur Abfahrt wurde gegeben, Cartucci war weggelaufen, um etwas anzuordnen, die Vettern traten mit den Arbeitern auf die Plattform, und schon strafften sich die armdicken Seile, liefen über die Rollen an den Schienen, knirschten, zogen an, – Cartucci sprang im letzten Augenblick auf, – da hob sich das Ganze langsam und glitt leicht in die Höhe.

Ernst und Hans standen abseits, über das Geländer gebeugt und Hans sagte leise:

»Und deutsches Geld ist auch in dem Betrieb, ungefähr zu 60 Prozent, ich weiß es aus den Steuervorschreibungen und wie die Sache die ersten Jahre lief, waren auch deutsche Ingenieure da, aber dann kamen die Welschen an ihre Stelle, die sie auf den Techniken in Stuttgart und Kassel hatten ausbilden lassen und Cartucci ist auch so einer.«

Da fragte Ernst, verwirrt, weil ihm der so oft besprochene Italiener nun in Fleisch und Blut gegenüberstand, als höflicher Erklärer noch dazu: »Glaubst du, daß er weiß, daß ich ein Südtiroler bin?«

»Ich habe ihm nichts gesagt«, antwortete Hans, »also weiß er es nicht.« [...]

Ernst, Hans und Cartucci sind im Stollen des Marmorbruchs angelangt.

[...] »Die Luftmaschinen«, sagte Cartucci. Und Ernst entdeckte eine deutsche Bedienungsvorschrift an der Wand, daneben hing sie in Maschinenschrift, ins Italienische übersetzt.

»Das sind ja deutsche Maschinen«, rief er aus.

Cartucci sah ihn an und verschwand dann eine Weile, ein Monteur hatte ihn gerufen. Als Ernst und Hans wieder in die kühle Halle zurückgetreten waren, schrie er von einem schwindelhohen Umgang herunter. Jetzt kletterten sie dort in die Höhe, wo er stand und liefen mit ihm wieder durch einen dunklen Stollen. Aber mitten inne hielt er an und öffnete eine eiserne Tür in den Berg.

»Das ist mein Büro«, sagte er lachend. Ein Tisch, eine Bank, eine Holzwand standen in der Felsenkammer, an der Wand klebten Blaupauszeichnungen und ein kopierter Plan des Bruches mit vielen Eintragungen, die offenbar erst nachher gemacht worden waren. Ein Telephon stand am Tisch.

»Wir müssen hier bleiben bis die Sprengung vorüber ist«, sagte Cartucci.

Ernst hustete. Er hatte die Lunge voller Staub, er verriet mit keinem Wort, daß er mehr von der Sache verstand als irgend einer, weil er sie ja studiert hatte, er sagte wie ein erstaunter Laie:

»Daß einer das acht Stunden aushalten kann, diesen Dreck zu atmen.«

Jetzt war Cartucci beleidigt.

»Das ist noch nichts Besonderes«, antwortete er, »in den deutschen Bergwerken, wo sie Kohlen graben, ist es noch viel schlechter.« Aber diesen Angriff verwandelte er selber in eine Niederlage, als er fortfuhr: »Aber wir haben keine Kohle, keine Schaufel Kohle in ganz Italien.«

Ernst wollte lachen, aber wie er den Italiener ansah, besann er sich: der nahm alles ernst, er war nicht schlau oder gar verschlagen, wie man es seinem Volk nachsagt, sondern ganz unbefangen, wie ein großes Kind. Und er sagte:

»Ich weiß, was Sie jetzt denken: Sie haben Schauergeschichten gehört von Bergwerken und halb vertierten Arbeitern; das ist nun freilich ein Marmorbruch und keine Schwefelgrube, aber glauben Sie mir, diese Geschichten sind nicht mehr wahr, und sagen Sie auch den Deutschen, daß wir uns ebenso gut einzurichten bestreben, wie sie.«

»Ich habe Ihnen ja auch keinen Vorwurf gemacht«, antwortete Ernst, »ich meinte nur ganz für mich, daß ich es nicht aushielte. Und wahrscheinlich halten es auch nur Ihre Arbeiter aus, die Sie aus Carrara mitgebracht haben, Leute aus der Gegend wären doch kaum zu gebrauchen.« Aber er dachte dabei: O, sie hielten es schon aus und ich hielte es auch aus, aber ihr laßt ja keinen herein.

Cartucci hatte ihm nicht mehr zugehört, er war in eine Ecke gegangen und hatte von irgendwoher Zitronen und Zucker genommen.

»Da«, sagte er, »nehmen Sie bitte, das ist gut gegen den Staub.« Und er war sehr freundlich mit Ernst, es habe ihm bei den Deutschen gut gefallen, sagte er, es sei viel Gutes dort, und der Italiener wolle dieses Gute auch in seinem Lande haben. Nur seien die Deutschen sehr kompliziert und auch verworren, man kenne sich nicht aus mit ihnen, sie handelten aus unerklärlichen Gründen, deren Beweiskraft und Wirklichkeit außer ihnen niemand zu erfahren vermöge, oft gegen die offenbaren Verhältnisse und ohne Klugheit; weil sie aber sonst klug seien, müsse das, was er nicht kenne, das sie zur Unklugheit verführe, stärker sein; etwas Verborgenes, das er nicht ermessen könne, nur, sagte er, könne man doch einem nicht trauen, dem man nie hinter seine Hintergründe komme.

Da erschütterte es, wie es Ernst erschien, den Berg bis in seine Wurzel, dann rollte es lange nach und es folgten noch zwei dumpfe entferntere Schläge. Nach einem Augenblick des Abwartens öffnete Cartucci die Tür und sie liefen den Gang hinunter.

»Ein Schuß ist stecken geblieben«, rief dem Ingenieur ein Arbeiter aus dem Dom entgegen.

Dort sah es nun ganz anders aus. Drei große gesprengte Blöcke, groß wie Häuser, lagen auf der Sohle der Höhle im Schutt, sie leuchteten weiß im weichen Glanz des Steines. Cartucci lief jetzt viel hin und her, kletterte auf die Blöcke, war lange Zeit verschwunden; als er wieder zurückkam, die Augen voll Staub, trat er nahe zu Ernst und brüllte über den Lärm der Gesteinsbohrer hinweg.

»Vor dem Krieg«, schrie er, »da waren hier dreißig Arbeiter mit ein paar Hauen und Bohrern und ein paar Gespannen, die den Stein hinausführten, jetzt sind es fünfhundert im Bruch und auf der Bahn, und das alles haben wir gebaut und wir bauen noch weiter, obwohl wir den großen Bruch in Carrara haben, wo ich auch schon gearbeitet habe; das macht alles Italien und wir sind stolz darauf. Italien hat sich verwandelt, es gibt ein neues Italien und Sie haben hier einen kleinen Teil davon gesehen!« Dann hob er die Rechte und lachte, und Ernst, dem es merkwürdig geschah, hob sie auch, und alle Arbeiter, die noch des Abräumens wegen untätig am Wege standen, hoben sie, als der Deutsche vorbeikam; draußen aber stand er blind im Tageslicht. [...]

Er dachte an den Mann Cartucci im schwarzen Hemd, das war kein Neider und hinter ihm stand auch nicht ein braunes Katzengesindel, sondern ein sehr wirkliches Vaterland. – [...] Es kam ihm ein sehr sonderbarer Einfall: Ich bin doch auch von diesem Fach, und wenn mich nicht der Zufall aus dem Land geführt hätte, am Ende wäre ich an Stelle Cartuccis und hätte wie er das schwarze Hemd angezogen und führe jeden Tag mit der schiefen Ebene ins Tal, wohnte bei den Verwandten, wäre kein Davongelaufener und Heimatloser. [...]

Ernst, der Arbeit sucht, bewirbt sich Tage später bei Cartucci. Doch niemand erfährt davon. Auch nicht seine Bozner Freundin Franziska, die nach Laas nachgekommen ist und mit der Ernst den Weiler Talatsch auf dem Schlanderser

Sonnenberg, die Geburtsstätte seiner Vorfahren, besuchen will. Bevor die beiden zur Wanderung nach Talatsch aufbrechen, verabschieden sie sich von Hans, der beiläufig erwähnt, daß er sich heute mit Cartucci und dem Podestà trifft. Ernst zeigt sich darüber sehr beunruhigt. Franziska fragt nach dem Grund.

[...] Ernst sagte [zu Franziska]: »Es ist also so, daß ich wahrscheinlich aus dem Lande muß. Denn daß Cartucci zu den Behörden laufen wird, weiß ich seit heute früh. Ich habe eine große und überflüssige Dummheit begangen.« Und er begann von Anfang zu erzählen: »Ich habe Cartucci im Bruch aufgesucht. Es ist Schichtwechsel, er hat frei, wir sitzen in seiner Kammer im Berg, reden eine halbe Stunde lang. Ich sage zu ihm: Herr Cartucci, da sind Zeugnisse von der Bergakademie, da sind Nachweise über eine vierjährige Praxis, sehen Sie sich das an, es sind erstklassige Zeugnisse. Er ist erstaunt, ruft: O, Sie sind kein Laie, Herr Weber, warum haben Sie mir das nicht gesagt? Und Sie wollen Einzelheiten von unserem Betrieb wissen, – ich will Ihnen gerne etwas zeigen, hier sind Pläne, hier sind Bohrergebnisse, hier sind Berechnungen; kommen Sie doch jeden Tag herein, ich werde bei der Direktion sagen, daß Sie unsere Einrichtungen studieren wollen. Er ist sehr freundlich, denke ich, wenn ich jetzt klug rede, habe ich halb gewonnen. Ich sage: Vielen Dank für Ihre Freundlichkeit, ich will aber nun noch etwas mehr von Ihnen, ich will mitarbeiten. – Ja, lacht er, das glaube ich Ihnen gerne, Ihnen hat die Einrichtung gefallen, da hat jeder Lust hier zu arbeiten, der etwas versteht davon. Er sieht, daß ich ernst bleibe, hört zu lachen auf, ich sage: Sie haben mich nicht recht verstanden, diese Zeugnisse sind von Arbeitsplätzen, von denen ich entlassen bin, weil der Absatz stockt, der Kredit fehlt, die ganze Wirtschaft zu Boden liegt. Und ich dachte, ich meinte, ob Ihnen nicht ein Techniker abginge, ob es nicht möglich wäre, daß mich Ihre Gesellschaft anstellt, und die Möglichkeit, das durchzusetzen, liegt, wie ich weiß, bei Ihnen. Herr Cartucci, sage ich, wenn Sie einen Vertrag abschlössen mit mir, auf Probe, auf Bewährung für ein halbes Jahr mit der Verpflichtung, mich, wenn Sie mit meiner Arbeit zufrieden sind, dann anzustellen, dann hätte ich wieder Arbeit. – Da wird er undurchdringlich, es ist nicht zu erkennen, ob er mit sich beschlossen hat, mich abzuweisen, oder ob die Sache günstig steht. Da mache ich einen Fehler: statt zu warten, ihn reden zu lassen, sage ich: Sie sind doch in Deutschland ausgebildet worden, die Deutschen haben Ihnen hier den Bruch einrichten geholfen, können Sie da nicht einem Deutschen einen Dienst tun?« – Ernst unterbricht sich: »Begreifst du, daß das ein

Fehler war, nicht bloß ein taktischer, sondern auch ein innerlicher: ich berufe mich in dem Augenblick auf meine Deutschheit, wo ich mich ihr entziehen will oder mich doch in ein unklares Verhältnis zu ihr setze. Und ich bekomme den Fehler gleich zu spüren. Er sagt: Ich will ganz offen sein. Wir leben ja nicht in Feindschaft mit euch, wir sind, – fast jeder meiner Bekannten ist es, – mit vielen Deutschen persönlich befreundet, aber es gibt für diese Provinz eine ungeschriebene Instruktion, vor der jeder Italiener verantwortlich ist, die heißt: Dieses Land ist italienisch, unsere Soldaten stehen am Brennero und wir müssen alles unterlassen, was den italienischen Charakter des Landes gefährden könnte. Er sagt nichts mehr. Darauf antworte ich, obwohl ich eigentlich auch schon gehen könnte. Herr Cartucci, sage ich, bei mir liegt der Fall doch noch anders. Ich bin da geboren, ich habe da meine Verwandten, ich bin nur durch einen Zufall nicht hier geblieben und möchte diesen Zufall korrigieren, an dem Ort das Brot suchen, von dem ich her bin. Ich rede ihm ein Langes und Breites vor, bis er mich fragt, ob ich italienisch spräche. Da sage ich: Nein, aber er müsse das doch verstehen, daß einer in seinem Land leben wolle, das hätte mit Politik und Nation nichts zu tun. Ob ich das in dem Augenblick ehrlich meinte, weiß ich selber nicht mehr, vielleicht wollte ich wirklich um nichts bekümmert sein, als um mein Heil, hier als Geborener ein Leben anzufangen, in einen Anfang zurückzuwollen, dem ich längst entwachsen war; aber wie ich weiterreden will, unterbricht er mich: Eben nicht, sagt er, wir sind daran gewöhnt, das politische Interesse vor das private zu stellen, und wenn ich Sie hier anstelle, so hätte das sehr viel mit Politik zu tun. Sie wissen es selber genau, wollen es aber jetzt nicht wahr haben. Sie werden immer ein Deutscher bleiben und erst recht, weil Sie hier Ihre Heimat haben. Das machte Sie sogar noch gefährlicher. Oder wollen Sie ein Italiener werden? Wollen Sie italienisch reden lernen? Wollen Sie vergessen, daß Sie ein Deutscher sind, eine Italienerin zur Frau nehmen? Heute sagen Sie, das Dorf sei Ihre Heimat, auf einmal werden Sie sagen: die Heimat ist der Norden. Aus Ihnen wird niemals ein Italiener. Und wenn ich die Probe ganz scharf nehme: Würden Sie in einem Krieg, der zwischen Deutschen und Italienern ausbräche, auch, wenn Sie alles andere geleistet hätten, für Italien kämpfen? – Und nun ist es mir auf einmal klar. Aber anstatt zu schweigen und zu gehen, begehe ich eine Dummheit. Herr Cartucci, sage ich, das würde ich nicht. Ich würde Sie im Gegenteil verraten, da haben Sie ganz recht. Ich werde Ihnen sagen, was ich täte: Ich nähme das Dynamit vom Bruch, ich sprengte die

Brücken und Bahngleise, auf denen Sie Ihre Truppen herbringen wollten, ich bestäche die Wächter, mit den Deutschen im Tal hätte ich mir Verbindungen geschaffen, um sie aufzuwiegeln und eine Truppe mit ihnen gebildet, damit hätte ich heute abend gleich angefangen, ja, vielleicht habe ich es schon getan, vielleicht habe ich schon eine Landsmannschaft gegründet, vielleicht bin ich ein Spion gegen Ihr Italien, ein heimlicher Aufwiegler, ein Irredentist, ein bezahlter Propagandist und was Ihnen sonst noch dafürzuhalten beliebt. Aber geben Sie sich nicht der kindischen Hoffnung hin, daß dieses Land je auf seine Deutschheit vergessen wird.« [...]

An diesem Abend erfuhr Ernst von Hans, daß der Podestà auf Grund der Anzeige Cartuccis einen Ausweisungsbefehl gegen ihn habe erwirken wollen. Er, Hans, hätte sein Wort verpfändet, daß der Vetter noch morgen abreise und es zugestanden bekommen, daß man ihn frei über die Grenze gehen lasse. Hans sagte: »Ich habe für dich gebürgt und du mußt nun gehen.« Es war kalt gesagt, so, als wie: Wir können mit solchen Sachen nichts gemein haben. Bleibt uns vom Leibe damit. Ihr stört das bißchen Freiheit, das wir uns in die Stuben noch gerettet haben.

[...]

Die Laas-Texte scheinen – anders als die Ortler-Texte – für eine thematische Anordnung nicht geeignet. Sie werden daher chronologisch aneinandergereiht. Norbert C. Kaser war im Schuljahr 1967/68 Supplent in der Laaser Mittelschule. In dieser Zeit – Kaser ist gerade 20 Jahre alt – entstehen »Laas für Marijke« und »marmor«. Während Kaser in »Laas für Marijke« – ähnlich wie in seinen »stadtstichen« – den Ort portraitiert, protestiert er in »marmor« gegen die durch den stockenden Marmorabsatz jener Jahre bedingte Existenzbedrohung der Marmorarbeiter.

Norbert C. Kaser

Laas für Marijke

Kuhdorf 1861 abgebrannt
die staatsstraße mittendurch
kuhherden und laster
romanische kirchen

ist das alles,
frage ich.

Marmorbruch und falscher onyx
die magere etsch mittendurch
misthäufen und traktoren
historischer boden
ist das alles,
frage ich.

Nein!
die Äpfel sind herber
vorsätze gelten nichts
wie anderswo
um die großschreibung steht es schlimm
das ist alles,
sage ich.

marmor

den laasern

weißt du was schnee ist
frischgefallener?
weißt du was blueten sind
ebenerbluehte?
dann weißt du noch nichts

kuwait und new york
wissen marmor zu schaetzen

doch heute liegt er in bergen
vor dem anschlußgleis
arbeiter nagen an den fingernaegeln
ihre kinder auch
ihre frauen
wissen nicht was kochen

der bruch ist wie ein grab-
mahnmal der wirtschaft
in die ausgehauene hoehle
koennte man nur noch christus legen
nur kein geld
und kein morgen

Franz Tumler kommt ein zweites Mal zu Wort. »Marmorstück« (1981), eines seiner späten Gedichte, beschreibt eine Metamorphose, bei der ein aus der Natur gebrochener Stein zu Marmor wird, der – bearbeitet – zu scheinbarem Leben erwacht.

Franz Tumler

Marmorstück

weißer Stein auf meinem Tisch
hier losgehauen – dort schlummernder Stein
hier glatt – dort rissig

nur hier weiß – dort unter Flechten gelblich erspäht
aber von fern schimmernd Gebirge weiß und weiß geahnt
der vorgedachte Glanz schon da in den Rissen verborgen
hier nur entschält
zu Glanz schon da

wo aus dem weißen Stein ein Fuß wird
und drüber die Säule
und darüber etwas das trägt

diesen Augenblick nicht zu vergessen
wo es immer noch Steinringe sind
ob aus ihnen schon kristallisch

das Haupt blickt das Auge leuchtet
wehend vergänglich
zu Tode leuchtet

Der weiße Marmor steht auch bei Luis Stefan Stecher im Mittelpunkt, wenn er
»In den Bildern meiner Kindheit« (1983) seine marmorweiße Zeit als Kind in
Laas besingt. Farben und Formen verschmelzen im Gedicht des 1937 in Laas
geborenen Malers zu einem holzschnittartigen Bild.

Luis Stefan Stecher

In den Bildern meiner Kindheit

In den Bildern meiner Kindheit sind alle Wege weiß.
Marmorweiß. Wie die geschotterten Radrinnen
auf den umschilften Wegen in die Laaser Möser.
Damals war für mich auch die Sonne aus Marmor,
und ich kann mich noch gut entsinnen,
im Vergleich zu heute, viel größer.

Sogar die Hennentröge im Dorf, im Halbdunkel einer Ladum,
waren aus diesem Stein, wie in alten Sagen.
Und weiße Hühner tranken kopfnickend daraus.
Nach dem Läuten ging unter den Palabirnbäumen der Avemariaputz
 um,
und wir schmuggelten so manches Gänsehautbehagen
über weiße Stiegenplatten heim ins Haus.

Noch im Schlaf baute ich aus polierten Marmorbrocken,
die ich aus dem Wegschotter sortierte,
unter den Weißpappeln an der Etsch schimmernde Paläste.
Und Götter flüsterten aus ihren Marmorlocken,
was auf ihren Thronen, den vergletscherten Bergen, passierte.
Das Ende dieser archemythischen Feste

läuteten meistens die Schellen der Geißen ein,
die zeitig am Morgen durch das Oberdorf lärmten.
Eine neue Marmorsonne stieg in den vintschgauer Himmel empor.
Manchmal fielen mir dann untertags wieder meine Träume ein,
besonders, wenn wir Buben zum Speisgitter schwärmten,
kam mir sein marmorner Glanz vertraut und heidnisch vor.

Wenn wir auf das Bugmoos oder gar auf die Santen
in Zwindelhäfen den Pflanzensetzern das Essen austrugen,
blickten wir auf zum Loch des Weißwasserbruches.
Und wir sprachen von den Männern, die wir kannten,
die im Bauch des Berges weißbestaubt Keile in Lassen schlugen,
und die nicht vorkamen in den Seiten unseres Lesebuches.

Mein Vater arbeitete, wie viele andere, draußen auf dem Lager,
als ich mit sieben Monaten auf diese schneeweiße Welt kam
und zum ersten Mal den mehlfeinen Marmorstaub roch.
Meine Erinnerung an diese Zeit ist verständlicherweise mager,
aber bestimmte Prägungen, die ich wohl damals geschenkt bekam,
tragen mich und viele meiner Farben heute noch.

Das Leben lockte mich in der Folge über viele Meere.
Aber die Bilder meiner Kindheit waren überall wie Kletten,
die mich, ich weiß nicht wie, an dieses Hochtal banden.
Ich denke da zum Beispiel an eine Begebenheit in Manhatten,
die Hitze lastete über der Schalterhalle in aller Schwere,
als meine Fingerspitzen unvermittelt –
den kühlen, weißen Stein aus Laas erkannten.

Josef Feichtinger veröffentlichte 1990 in einem Wandkalender den Kurztext »An Laas«. Wie Stechers Gedicht ist auch »An Laas« eine Liebeserklärung an das Marmordorf. Der leserfreundliche Autor Josef Feichtinger ist 1938 geboren und lebt als Satiriker, Volksstückeschreiber, Literaturwissenschaftler und Lehrer in Vezzan bei Schlanders.

Josef Feichtinger

An Laas

Ich mag dich, du Stiefkind der Übernachtungsstatistiken, du Aschenputtel unter den Farbprospekten.

In zerrütteter Symmetrie drücken sich deine grauen Häuser um den demütigen Kirchturm, vom Sonnenberg abgedrängt durch den Murdrachen der Gadrià, verklemmt am rauhreifharschigen Etschbett, dem Gletscherwind ausgesetzt, der eisig aus dem Tal bricht.

Die Gesichter deiner Häuser sind auf die alte Heerstraße gerichtet, seit Jahrhunderten die Schlagader des oberen Etschtales: Römische Legionäre hat sie gebracht, zottige Bajuwaren und Alemannen, kaiserliche Reiter und Kaufherren hinter Salzfuhren, zündelnde Franzosen und heimatlose Karrner. Seit Einbruch des Fortschrittes schlägt der Lärm eine Schneise durch die erschrockenen Mauern, gesteigerter Fortschritt hat Erlösung gebracht, aber wie eine dilettantisch verarztete Schnittwunde quert die Gerade deine schönsten Felder, und der Tod sitzt auf der Überholspur und kassiert Blutzoll.

Arbeit hat dein Gesicht gezeichnet: Marmor ist schön und kostbar, aber der Platz, an dem er geschlagen wird, ist staubig, verdrahtet, verbaut; Werkschuppen gähnen leer und tot, abgestorbene Geleise rosten, aber immer noch jammern Marmorsägen und quietschende Kräne am übervollen Lagerplatz ... erblindete Zweckbauten im Greisenalter, Miethäuser in Faschistenfarben, quadratische Volkswohnbauten in ergrautem Fertigputz von gestern: Du bist unansehnlich, mein liebes Laas!

Unansehnlich? Mag sein, aber Unansehnlichkeit zwingt zum zweiten Blick, für ansehnliche Dörfer reicht ein erster. Ansehnliche Dörfer müssen sich modisch feilbieten, du hast's leichter, du kannst dein Selbst behalten, das du nur dem zeigst, der entdecken will, entdecken: Decken abnehmen, staubige Hüllen abstreifen, ohne Hast und Eile.

Hinterhöfe, steinerne Irrgärten, planvoll angelegt und zugleich verschämt verborgen, die klotzigen Wasserträger, seit Generationen arbeitslos, die rätselhaften Figuren an der Apsis von Sankt Johann, die uralten Weihestätten von Sankt Sisinius und Sankta Klas und der nicht mehr heilige Sankt Marx, wo Milchkannen scheppern und Mundwerke laufen: das ist deine Schönheit, deswegen mag ich dich, du rätselhaftes Fürstenkind in Werktagslumpen!

Wie der gesteinigte Märtyrer Sisinius aus dem Trientner Rendenatal zu dir gekommen ist, ist nicht weniger erstaunlich als daß Kaiser Franz Josef, seit einer Generation im Depot vergessen, aus seinem Marmorbart auf die Gefallenen schaut, die er in den Krieg gepfiffen hat. Und es gibt sogar einen Judentempel – ohne Juden. Und es gibt und gab Originale in diesem Dorf, in das frische Hände zuwanderten zu harter Arbeit und müde Hände abwanderten, so daß nur wenig aufgekommen ist von besitztauschender Inzucht.

Ich mag dich.

Das Wörtchen »Laas«, das auf der Zunge zergeht wie rätischer Honig, weckt Erinnerungen in mir: Das Fruchtfleisch der Marillen duftet, zermatscht auf dem Rücksitz des schweren Fahrrades zwischen Laas und Mals, und im Wohnhöhlenstübele, wo es jedesmal finster wird, wenn ein schweres Fuhrwerk vorbeiwalzt, erzählt der Malerfritz von der Ortlerfront. Der Auswandererbub, der so oft verzweifelt probiert hat, fremde Luft einzuholen, um Heimatgeruch zu erwischen, hat in Laas das zweitemal Vinschgerluft geschmeckt.

Laas, ich mag dich!

Vielschichtig ist Norbert Florineths Erzählung »Im Hintergrund das Marmorgebirge« (1993). Historie und Mythos gehen ineinander auf, sprachphilosophische Überlegungen und die Geographie vor dem Fenster ergeben ein persönliches Bild von Laas, wo Florineth 1939 geboren ist und nach seinen Sprach- und Kunststudien in Wien heute als Lehrer und Schriftsteller lebt.

Norbert Florineth

Im Hintergrund das Marmorgebirge

Silvano war vorbeigekommen, für einen Augenblick, wie er sagte. Seine Eltern, aus der Toscana stammend, in der Nähe der Alpi Apuane, an der Küste des Mittelmeeres, hatten sich vor Jahren im Dorf angesiedelt, sein Vater war Arbeiter in den Steinbrüchen und in der Fabrik des Marmorlagers gewesen.

Silvano hatte aus dem Fenster schauend den Blick auf den Berg gerichtet: »Wenn du in das Dorf kommst«, sagte er, »siehst du zuerst immer den Berg.« Und nach einer Weile, »jetzt erkenne ich den Kopf, den Kopf eines Mannes, wenn du genau hinschaust, wirst auch du ihn sehen; eine Zeichnung aus dunklen Flechten in der weißen Aderung der Wand. Als Kind habe ich ihn immer gesucht von der Stube aus, wo wir früher in Wohnung waren. Es mußte aber ein ganz bestimmtes Licht sein. Jetzt habe ich ihn wieder gefunden, ich erinnere mich, es ist der Kopf eines Mannes mit Bart.«

Ich schaute in die Richtung, suchte die beschriebene Stelle, erkannte Umrisse eines Bildes, das einem Gesicht ähnlich kam.

»Für mich ist es das Gesicht einer Frau«, sagte ich, und auch Silvano sah es, dieses zweite Bild.

»Aber darunter ist er doch, der Kopf des Mannes.« Nun sah auch ich den Schattenriß, einen Männerkopf, der sich eng an meinen Frauenkopf zu legen schien, beinahe in ihm aufgehend, ein Doppelgesicht, wie man es manchmal auf alten Münzen abgebildet findet.

Jenn – Janus – ianua, ein Lautspiel, Gedankenspiel und ich sagte den Namen des Dorfes, Laas, lapis, lavu, laos ...

Wir redeten dann über die Sprachwurzeln, über die Schwierigkeit, von der Etymologie her zu Sicherheit zu gelangen, aber auch vom Reiz der Deutung und Mehrschichtigkeit, überhaupt über Namen, und die Macht, die an sie gebunden ist, die sich über den Namen auf das Benannte erstreckt.

Jen, ich meine das Wort so mit dem einen N, Janus, ianua, lateinisch die Schwelle.

Janus, der Gott der Türen und Tore, die das Außen vom Innen trennen, Geist des Übergangs, mit den zwei Gesichtern, eines in das Vergangene, das andere auf das Zukommende gerichtet, Überwinder des festen Punktes.

Janus – Jen, Gedankenspielerei, ein windiger Ausflug auf dem Gebiet der Philologie und doch der Versuch, dem Berg näherzukommen, eine Art von Einstieg. Nicht auf die Struktur seines Minerals beschränkt, sondern Eingehen auf seine Form, sein weibliches und sein männliches Wesen, das auffallend ist an ihm, und deren Übergang ineinander, die sanft gelagerte Kuppe im Osten, wo man annimmt, daß sich dort die ältesten Steinbrüche befanden, und der steile Aufwurf der tektonischen Schichten in den Horizont hinein, die Vertikale gegen den Westen hin, der Sturz des Berges in den Himmel, Aufhebung seiner Schwerkraft, Gewalt von Plötzlichkeit, die gefangennimmt, wenn man, dem Weg des Baches folgend, nach Süden, taleinwärts geht.

Berg mit zwei Gesichtern.

Der Name des Dorfes und der Berg; Ort des Steins, Stätte der Steine. Am alten Weg gelegen, Salzstraße, Bernsteinpfad, Via Claudia der Römer, die Comerz Straße der Maria Theresia, dann Staatsstraße, via Principale, Durchzugsweg.

Und dann ein Stein am Wege, Steinwanderung von oben dem Grunde zu, oder auch vom Auge, das nach dem Berg schaut, weiß erspäht, im Vorübergang von einem Fremden, und zugleich Erinnerung an Marmor und Säule, an weiße Gebirge vor blauem südlichem Gestade, und von da vielleicht der Name des Dorfes, griechisch Laos der Stein, oder keltisch lavu, oder lateinisch lapis.

»Laas, Station mit dem Marmorgebirge.« Eine alte Ansichtskarte des eben errichteten Bahnhofs trägt diese Überschrift.

Das Marmorgebirge nicht sichtbar, nur zu ahnen im Hintergrund. Nur im Worte angefügt, aber für wichtig befunden für das Dorf.

Wie hatte Silvano gesagt, »wenn du zurückkommst, siehst du zuerst den Berg.«

[...]

Thomas Kling, einer der namhaftesten experimentellen Lyriker Deutschlands, ist 1957 in Bingen geboren und lebt in Köln. In den Jahren 1993 und 1994 verbrachte er einige Monate am Rimpfhof auf dem Kortscher Sonnenberg. In dieser Zeit entstanden mehrere Gedichte mit Vinschgau-Bezug, die 1994 im Band »wände machn« erschienen sind. Darin ist auch ein Gedicht mit dem Titel »zur krone, alla corona, laas«. Kling skizziert in seiner eigenwilligen Schreibweise eine Szene im Laaser Gasthaus »Zur Krone«, spielt auf Norbert C. Kasers »Laas für Marijke« an und wischt in der letzten Zeile mit einem Schwamm wie beim Kartenspiel das Bild vor den Augen wieder weg.

Thomas Kling

zur krone, alla corona, laas

wind-, nein,
weinüberkront. busfahrplan, eine
eistruhe, mit trocknobst dekorierter
schmerznsmann. da (»spricht man«)
bedient immer noch kasers freundin,
di is jetz mitte vierzig; gehtsi durch
durch di weinüberkronte wirtschaft,
mittags. enge hüte, sausende thekn-
gestn. unterm anstrich in leberhöhe
kommt braun ein knorren durch,
bauchauge. kla is renoviert wordn,
di letztn jahre. abtritt gefliest heißt
toilette; *hand dryer*, und so du
weißt was das ist? di treppe zum
gartn. kanisterbarriere bevor
in den julikron di jakobiäpfel sichtbar sind. di sind bald soweit; drin
wird gekartet: jaulende tafel,
schwamm drüber.

(für Paul Valtiner und Edelgard Kaufmann)

Das Gasthaus zur Krone in Laas.

Irma Waldners »Weißwasserbruch« rundet das literarische Laas-Bild ab. Ihr bislang unveröffentlichtes Gedicht trägt als Titel den Namen des 1560 Meter hoch gelegenen Marmorbruchs im Laaser Tal. Die Autorin wandert in ihrem Gedicht durch ihre Sprachwelt und findet sich schließlich am Wortort wieder. – Irma Waldner wurde 1960 in Mals geboren, sie arbeitete als Grundschullehrerin und schreibt vorwiegend Gedichte. 1992 erhielt sie den Publikumspreis des Meraner Lyrikpreises. Irma Waldner lebt heute in Berlin.

Irma Waldner

Weißwasserbruch

Wir flüchteten hangeinwärts
in den Berg und fielen aus
den Finsterräumen der
enteigneten Sprache
Einzeln flatterten wir
unermüdlich das im Stein
eingespeiste weiße Licht an
Ein Lehrer lockte uns nach
hinten ins berginnere Wasser
Er allein stockte vor verriegeltem
Tor und fuhr fort zu erklären:
immer dichter versammelt sich der
Tag ehe er ausbricht
Lichtgefangen klebten wir an der
mürben Halsberge und zwangen
uns eng an der Achselnaht im
Steinschweiß zum Wortort
voran

Sunnaberg und Kortsch

Auch der Vinschger *Sunnaberg*, ein einzigartiger alpenländischer Vegetationsraum, findet in der Literatur seinen Niederschlag. Melodisch-herb ist das Gedicht »Afn Vintschgr Sunnaberg« von Maridl Innerhofer, das 1977 in ihrem Mundartlyrikband »In 5 Minutn 12« erschienen ist. Die Autorin mit ihrer leisen, doch mitunter sehr kritischen Stimme ist 1921 geboren und wohnt in Marling. Volkstümlich gutgemeint hingegen klingt das Gedicht »Vinschger Sunnaberg« (1982) von Adalbert Köllemann. Der Autor (Jahrgang 1929) ist pensionierter Elektrotechniker und lebt in Innsbruck.

Maridl Innerhofer

Afn Vintschgr Sunnaberg

Vertrucknt
verdurrt
verbrunnen
von ibr tausnd Sunnen,
von Wind,
der seit Ewigkeitn
die Vintschgr Liadr singg.

Wo a Wossr
do an Ockr
a Wiesl
a Heïfl
afn sticklen Ruan.

Dr Nochpr
längst augebm,
va sein Haus
siggsch krod no
drei Stuan.

Obr seine Fuaßspur
bleip do
afn Sunnaberg,
ibrwoxn

va di Seggn
die Schofgorbm
und die Kranewittheggn.

Vertrucknt
verdurrt
verbrunnen
. . . . .

Adalbert Köllemann
Vinschger Sunnaberg

Eidechsn, Salamander
auf hoaße Stoan.
Steil die Weg, steil die Roan.
Zwischn Staudn, Knött und Distln
in altersgraun Wohngruabm,
tuat die Vinschger Zeit nistn.
Durch hölzerne Kondln
kunnschs gurgln hearn -
Übern Sunnaberg
geah i holt gearn!
Nimmsch eppes mit
da inwendig drein.
Gar niana kannts
wohl örger sein.

Bei Wolfgang Duschek gerinnen die Bilder des Vinschger Sonnenbergs zu einzelnen Wörtern, die in ihrer Trockenheit und herben Wucht dem Wesen dieser Landschaft entsprechen. Duschek, 1945 in Meran geboren, ist Kustos des Meraner Museums. Die folgenden drei Gedichte stammen aus seinem Lyrikband »sonnenberg« (1979).

Wolfgang Duschek

    matatsch

    berberitze
        rot
krähenruf
    im herben
        duft
wermut
–
raunende stille
schattenlos
    in licht
    und wind
–
mauern bleichen
    zahnlos
        totes grinsen
–
ins land

annaberg

alte fragen an dich
landschaft
vinschgau
hell ist dein blick
stumm im fluß der titanen
–
manchmal
wenn ich dich schaue
braunes land
singen die gräser
im wind

deine
      götter

  mahnen!
  blume
  dich
         behangen
–
  flöte
  den ton –

ebenmaß
  der
  dinge

Kortsch, am Fuße des Sonnenbergs gelegen, dient der Lyrikerin Gabriele Pidoll als Vorlage für ihr gleichnamiges Gedicht. Die 1908 in Meran aus einem altösterreichischen Adelsgeschlecht geborene Gabriele Freiin von Pidoll zu Quintenbach studierte in Florenz, Bologna und München und war Lehrerin an verschiedenen Schulen in Nordtirol, Vorarlberg und Südtirol. Pidoll ist mit mehreren Lyrikbänden hervorgetreten und lebt heute in Meran.

Gabriele Pidoll

Kortsch

Hundert heiße
graugebrannte Mauern,
Treppenstufen
im gewachsenen Fels;
droben der Waal
spendet glückselige Überflut
des Wassers.

Sing, Grasmücke, sing
im Goldregen,
der regnet
über den Wegesrand;
sonst schlummert
alles ein
im Anhauch der Hitze.

Schlummert der graue Stein,
Hütten und Häuser tief
in den Gassen.
Und Sankt Aegidi,
der auf der Klippe wacht
hinter dem jungen
Laub der Kastanie.

Die Pest im Dreieck Goldrain, Morter, Schlanders

Seltsam ist die Tatsache, daß der untere Vinschgau im Vergleich zum oberen in der Literatur viel weniger präsent ist. So wird etwa Schlanders, heute der Hauptort des Vinschgaus, in einer einzigen Erzählung gerade mal gestreift. Dieses Kapitel besteht also, als einziges, aus einem einzigen Text. »Die Pest im Vintschgau« ist das dritte von insgesamt sechzehn Kapiteln im Erzählwerk »Der goldene Spiegel. Erzählungen in einem Rahmen« (1911) von Jakob Wassermann und spielt im Dreieck Goldrain, Morter, Schlanders. Jakob Wassermann (1873–1934) stammte aus Fürth, zog 16jährig nach Wien und machte Altaussee im steirischen Salzkammergut ab 1902 zu seinem Wohnsitz. Bekannt ist Wassermann hauptsächlich durch seine großen Romane »Caspar Hauser« (1908) und »Der Fall Maurizius« (1928). Südtirol war sein »geliebtes Reiseziel des Hochsommers«, wie Julie Speyer, seine erste Frau und Biographin, schreibt. Den Vinschgau hat Wassermann vermutlich auf diesen Reisen kennengelernt, die er im geliehenen Automobil seines Onkels und gelegentlich auch in Begleitung Arthur Schnitzlers getätigt hat. Wassermann erweckt mit der »Pest im Vintschgau« den Eindruck, er beziehe sich auf ein historisches Ereignis, und er erwähnt eine Pestepidemie im Jahre 1624. In der Historie aber hat es eine solche nie gegeben, ebensowenig einen »Ausbruch des Stausees am Zufallferner« im selben Jahr. Und vergleicht man die Wassermannsche Vinschgau-Geographie mit der realen, so sind auch hier kleine Unstimmigkeiten zu erkennen. Es wäre aber philisterhaft, den Schriftsteller daran festzunageln. Die Literatur hat eben andere Gesetzmäßigkeiten als die Erdvermessung.

Jakob Wassermann

Die Pest im Vintschgau

Im Anfang des siebzehnten Jahrhunderts war der Vintschgau ein nicht viel einsameres und karger bevölkertes Tal als heute. Die begrenzenden Bergwände sind steil und waldlos; durch die zahlreichen Seitentäler blicken hochgetürmte Gipfel: Mut- und Rötelspitze, Texel, Schwarz- und Trübwand, Lodner und Tschigat und der majestätische Laaser Stock. Braunes und gelbes Felsgestein ist allenthalben emporgezackt, auf den Hangwiesen leuchten die Blumensterne alpiner Flora, schwarze Ziegen grasen bis hoch hinauf in den Mulden, schmalhüftige Rinder brüllen über die ganze Weite der Senkung einander zu, gischtweiße Wasserfälle donnern in die Etsch, das aufgerissene Dunkel langer Engpässe und gewundener Schluchten läßt im Innern der Gebirge tiefere Abgeschiedenheit ahnen, und auf dem zerklüfteten Gestein sieht man von Meile zu Meile uralte Schlösser. Der Sommer bringt den Mandelbaum und die Edelkastanie zum Blühen, und bis zu der Stelle, wo das Schlandernauntal mündet, schlingt sich die Weinrebe um die schwärzlichen Moränen. Aber der Winter ist selbst im untern Tal hart; es heißt, daß die krankhafte Langeweile vom Oktober bis zum April fast alle Regierungsbeamten zu Morphinisten macht. Die Poststraße von Finstermünz übers Stilfser Joch ist acht Monate hindurch verschneit; nur nach Meran führt ein bequemer Weg, aber dort wohnt leichtes Volk, das viel lacht und wenig denkt. Im Vintschgau denkt man viel; seine Menschen sind hager, schweigsam, wachsam und seit dreihundert Jahren in ihrem Wesen kaum verwandelt.

Man sollte glauben, daß Jugend und Schönheit nicht von Belang sind in einer Welt, wo die herrische Natur während der längsten Dauer des Jahres ihre Geschöpfe in so strenger Zucht bindet. Trotzdem hat sich bis heute die Nachricht von einer leidenschaftlichen Begebenheit erhalten, vielleicht der außerordentlichen Umstände wegen, die damit verknüpft waren, die Geschichte spielt zwischen den feindlichen Familien Ladurner und Tappeiner, die bei Schlanders in zwei Dörfern rechts und links der Etsch wohnten, die Ladurner in Goldrein, unterhalb Kastell Schanz und Schloß Annaberg, die Tappeiner in Morter an der Mündung des reißenden Plimabaches. Die Zwietracht bestand schon seit mehreren Geschlechtern, und niemand kannte die Ursache; einige sagten, eine böswillig zerstörte Brücke sei der Anlaß gewesen, andere behaupteten, Uneinigkeiten über Jagdbefugnisse. Ich will mich nicht dabei aufhalten, jedenfalls war es der richtige scheele, eiserne Bauernhaß, wo Blut gegen Blut steht.

Man hat oft erfahren, auch die Dichtung bezeugt es, daß gerade die überlieferte Feindlichkeit zwischen nah beieinanderwohnenden Familien plötzlich und in natürlichem Widerpart gegen eingefleischte schlechte Instinkte einen Bund zweier Herzen hervorbringt, und das Element der Liebe sich gegen das des Hasses stellt. Und wenn hier die Lösung der Geschehnisse den Hassern aus der Hand gerissen wurde, geschah es nicht, weil die Liebe stärker war, sondern weil eine allgemeineVernichtung den Untergang der Liebenden begleitete.
Am Pfingstsonntag des Jahres 1614 hatte auf dem Marktplatz in Schlanders eine Truppe von Gauklern ihr Zelt aufgeschlagen. Es waren Italiener, die einen Taschenspieler, einen Seiltänzer, einen Wunderdoktor, einen Athleten und vor allem eine Gorilla-Äffin bei sich hat-

ten. Diese Äffin erregte teils Neugier, teils Furcht, da sie ungeachtet ihrer Menschenähnlichkeit in Gebärden und Verrichtungen doch eine unsägliche Wildheit merken ließ. Jene Leute selbst waren des Tieres, das sie erst vor kurzem von maurischen Kaufleuten in Venedig erhandelt hatten, noch keineswegs sicher und legten es bei Nacht in Ketten.

Im Gedränge um den abgesteckten Platz waren drei Ladurnerburschen und der junge Franz Tappeiner, der sich in Gesellschaft einiger Kameraden aus Morter befand, aneinandergeraten, und es sah aus, als ob es nicht bei drohenden Mienen und Augenblitzen sein Bewenden haben sollte, als die junge Romild Ladurner ihrem Vetter die Hand auf den Arm legte und zum Frieden mahnte. Als Franz Tappeiner das Mädchen gewahrte, das feste Schultern und Zähne wie ein junger Hund hatte, trat er einen Schritt auf sie zu, denn er hatte sie vorher nie gesehen, und ihre Erscheinung rief auf seinem frischen Gesicht ein unendliches Erstaunen hervor. Sie hielt seinem Betrachten stand, und ihre Augen blickten starr wie die des Adlers, bis sie der Vetter, der Unheil witterte, bei der Hand packte und hinwegzog. Der junge Tappeiner drängte den Ladurnern nach, indem er sich wie ein Schwimmer durch die Menge arbeitete, und als er hinter Romild wieder an dem Strick angelangt war, der die Zuschauer von dem fahrenden Volk trennte, produzierte sich gerade die Gorilla-Äffin im Gewand eines vornehmen Fräuleins, wandelte knixend auf und ab und wehte mit einem florentinischen Fächer ihrem haarigen Gesicht Kühlung zu.

Die Bauern kicherten und grinsten vor Verwunderung. Auf einmal hielt die Äffin inne, ließ die glühend unruhigen Augen über die versammelten Köpfe schweifen, und in ihren Mienen war die diabolisch freche Überlegenheit eines Wesens, das, einer Riesenkraft bewußt, es dennoch vorzieht, sich in spielerischer Tücke zu verstellen. Da blieben ihre Blicke auf dem Antlitz der jungen Romild haften; das zarte Menschengebild schien es ihr anzutun, sie fletschte in grauenhafter Zärtlichkeit die Zähne, verließ mit einem Sprung das Podium, wobei der seidene Rock an einem Nagel hängen blieb und zerfetzt wurde, und streckte den überlangen Arm aus, um das Mädchen zu betasten. Mit einem einzigen Schreckensschrei wich die ganze Menschenmasse zurück, nur Romild verharrte wie eingewurzelt auf der Stelle; in derselben Sekunde griff eine Faust nach dem Handgelenk des Gorilla; es war Franz Tappeiner, der trotz seiner knabenhaften Jugend als ein Mensch von großer Stärke galt und den knöchernschmächtigen Arm des furchtbaren Tieres leichterdings meistern zu können glaubte. Aber sogleich spürte er den eigenen Arm so gewaltig umklammert, daß er stöhnend in die Knie brach. Im Nu war ein leerer Raum um ihn und Romild entstanden, den die Äffin durch heiser bellende Schreie vergrößerte und Männer und Weiber begannen in fast lautlosem Gewühl zu fliehen. Die bestürzten Gaukler, die sich um ihren Verdienst gebracht sahen, liefen beschwörend hinterdrein, nur der Seiltänzer hatte Geistesgegenwart genug, den dicken Strick, der unter den Röcken der Äffin am Knöchel eines Fußes befestigt war, zu packen und um einen Pflock zu schlingen. Aus einem Fensterchen des Reisewagens der Bande schaute das bleiche Gesicht eines jungen Frauenzimmers in die heillose Verwirrung. Wahrscheinlich kannte sie ein beeinflussendes Zeichen, denn kaum hatte sie den Mund zum Ruf geöffnet, so drehte sich das Gorillaweib um, trottete wie ein gescholtener Hund auf die Estrade zurück, kauerte mit gekreuzten Beinen nieder und stierte, die Kinnladen leer bewegend, in boshafter Nachdenklichkeit am Firstkranz der Häuser empor. Indessen ging der Wunderdoktor auf Franz zu, hieß ihn den Rock ausziehen, wusch das Blut von der Wunde, die sich oberhalb des Ellbogens zeigte, und schmierte eine nach Honig riechende Salbe darauf. Romild war verschwunden. Das heftige Durcheinander seiner Begleiter, die sich wieder zu ihm gefunden hatten, hörte Franz kaum, sondern wartete nur auf die Gelegenheit, um sich ihrer zu entledigen. Doch mußte er sich gedulden, bis die Dunkelheit angebrochen war, dann eilte er wie fliehend an Gärten und Schenken vorüber, wo überall an rasch gezimmerten Tischen und Bänken die Vintschgauer beim Wein saßen und das aufregende Ereignis beredeten. Die Goldreiner Leute waren gewöhnlich im Postwirtshaus, und wie er dort am Tor stand und in die fackelbeleuchtete Halle spähte, fiel ein Schatten über ihn, und aufschauend sah er Romild neben sich. Das glitzernde Augenpaar eines alten Bauern von der Ladurner Sippe verfolgte die beiden in blödem Entsetzen, als sie schweigend den Torweg verließen und im Abend, rätselhaft gesellt, verschwanden.

Sie gingen am Hang der schwarzgeballten Berge talabwärts, Romilds Dorf entgegen; sie hatten die gleiche Empfindung von Gefahr, und als sich zur Linken eine Schlucht öffnete, folgten sie ohne gegenseitige Verständigung einwillig dem wirbelnden Bach nach oben. In der Höhe hellte sich die Nacht, in der Tiefe versank die Etsch als ein schimmerndes Band, und das Firmament wehte wie eine bestickte Fahne über ihren Köpfen. Anrückende Felsen machten den Uferpfad ungangbar, und sie schlugen die Richtung nach einem kleinen Joch ein, wo das Kirchlein Sankt Martin am Kofl stand. Vor der Kapelle ließen sie sich nieder und beteten, darnach küßten sie einander und nannten sich zum erstenmal bei Namen. Statt ins Dorf zurück marschierten sie tiefer ins Gebirge hinein, um sich ein Hochzeitslager zu suchen, und Romilds stolzer Gang und die gerade Haupthaltung, die bei den Mädchen dieser Gegend vom Tragen schwerer Wassergefäße herrührt, verwandelten sich in frauenhafte Lässigkeit und lauschendes Anschmiegen. Als die bläulichen Ferner des Angelusgletschers über dem Tannen- und Felsendunkel aufrückten, ward ihnen fast heimatfremd zumute, und sie schlossen die Augen einer Welt, die so berückend und traumhaft sein wollte, wie sie selbst einander waren.

Die am Morgen aus dem Tal heraufklingenden Kirchenglocken trieben sie zur Flucht vom Lager, und sie kamen zu einer Sennhütte, wo sie Milch und Brot empfingen. Dann wanderten sie weiter, und mittags und abends stillten sie den Hunger von dem Vorrat, den ihnen der Senner gegeben, und den sie an den folgenden Tagen erneuerten. Wenn die Nacht kam, glaubten sie Himmel und Sonne nur einen Augenblick gesehen zu haben, weil ihnen die Finsternis erwünscht und natürlich war. So lebten sie, ich weiß nicht wie lange, gleich verirrten Kindern, völlig ineinander geschmiedet, ohne Erinnerung an Vergangenes, ohne Erwägung der Zukunft, leidenschaftlich in Trotz und Furcht, denn die Angst vor dem, was sie bei den Menschen erwartete, hielt sie in der Einsamkeit fest. Eines Tages nun kam ein Hirt auf sie zu, der sie schon von weitem mit Verwunderung betrachtet hatte. Er erkannte sie, stand scheu vor ihnen und machte ein böses Gesicht. Sie fragten ihn, was sich drunten im Gau ereignet habe, und er erzählte, daß die Goldreiner schon am Pfingstmontag über den Fluß gegangen seien, um die in Morter wegen der entführten Jungfrau zur Rechenschaft zu ziehen. Die aber hätten die Beschuldigung zurückgewiesen und im Gegenteil die andern verklagt, daß sie an dem jungen Tappeiner sich vergangen hätten. Die Redeschlacht habe so lange gedauert, bis die von Morter zu Hirschfängern und Flinten gegriffen, um die Eindringlinge zu verjagen. Am nächsten Tag sei das Gerücht gegangen und wurde bald Gewißheit, daß zu Schlanders die Pest ausgebrochen sei; der Affe, den die welschen Gaukler mit sich geführt, habe die Krankheit eingeschleppt. Ein großes Sterben habe begonnen; von feindlichen Unternehmungen zwischen beiden Dörfern sei nicht mehr die Rede, und man glaube, die Äffin habe die beiden jungen Leute auf geheimnisvolle Weise verhext. »Folgt meinem Rat«, so schloß der Alte, »und geht hinunter zu den Euern, damit der Zauber geendet wird.«

Franz und Romild gehorchten. Schaudernd machten sie sich auf, um heimzuwandern. Alles Glück hatte sich in Traurigkeit verkehrt, und das längst; seit der ersten Umarmung hatten sie keine Freude genossen, aus der nicht grauenhaft das Bild der Äffin aufgetaucht wäre. In der Dämmerung langten sie unten an; noch ein Umschlingen, ein Druck der heißen Hände, noch ein Aufschauen und Zurückschauen, dann ging jedes seinen Weg.

Auf den Fluren war tiefe Stille. In keinem Haus brannte Licht, und alle Tore waren verschlossen. Als Franz das Dorf betrat, grüßte ihn kein vertrautes Gesicht, überall war die gleiche Dunkelheit und Ruhe. Er klopfte ans Haus, nichts rührte sich. Erst als er den bekannten Pfiff erschallen ließ, raschelte es hinter den Läden. Das Fenster wurde geöffnet, und das fahle Gesicht seiner Mutter blickte ihn an. Ihr Schrei rief Vater und Bruder herbei, man ließ ihn ein, aber da er auf alle Fragen nur halbe Antwort gab und schließlich verstummte, betrachteten sie ihn ängstlich wie ein Gespenst. Die neueste Kunde war, daß die Äffin den Gauklern entlaufen sei und sich im Tal herumtreibe; wer ihr nahe komme, der werde von der Pest ergriffen, die von Naturns und Kastelbell bis Eyrs hinauf Hunderte von Menschen schon hinweggerafft habe. Schweigend lauschte der Heimgekehrte, und diese anscheinende Teilnahmslosigkeit brachte den Bruder in Wut. Er schrieb ihm alle Schuld zu; »hättest du das Affenweib nicht berührt, so wäre das Land verschont geblieben«, rief er, »und weil du mit einer Ladurnerin davongegangen bist, darum ist ein Fluch auf dir, und wir müssen verderben.« Plötzlich stieß die Schwester einen gellenden Angstruf aus und stammelte, sie habe die grinsende Affenfratze am Fenster gewahrt, das noch offen war. Die Mutter warf sich Franz zu Füßen und beschwor ihn, von dem Mädchen zu lassen. Er wandte sich bebend ab, verstand kaum den Zusammenhang, wollte hinweg eilen und hielt schon die Klinke in der Faust, da rief ihn die Schwester fieberhaft bettelnd zurück, und er nahm wahr, daß die Krankheit sie gepackt hatte, denn ihr Gesicht sah bleiern aus wie das jenes Frauenzimmers, das aus dem Wagen der Gaukler geschaut. Er setzte sich an den Tisch und weinte. Am Morgen hatte sie die Beulen unter den Armen, das Fleisch zerging unter der Haut, und als sie starb, hatten ihre Züge den Ausdruck der Gorilla-Äffin.

In den Ställen hungerten Kühe und Ochsen; ihr Gebrüll war der einzige Laut des Lebens. Nachbarn hüteten sich, einander vor die Augen zu kommen. Der Himmel schien erblindet, die Luft verwest. Gefürchtet war der Tag, Schatten und Abend gemieden, Wasser und

Wind todbringend. Von Dorf zu Dorf zogen die Mönche vom Kartäuserkloster in Neuratheis, segneten die Leichen vor den Haustoren und trösteten die rasenden Kranken. Es ging kein Wanderer mehr auf der Landstraße, es tönte kein Posthorn mehr, die Hirten blieben auf den Almen, kein Glockenecho brach sich an den Bergen. Aus Furcht vor dem Affen wurden die Fenster verhängt und die Türen verriegelt, so daß in den ungelüfteten Stuben die Seuche doppelt leichtes Spiel hatte. Nach der Schwester sah Franz den Bruder erliegen, und am Dreifaltigkeitssonntag spürte der Vater den ersten Frost. Als die Sonne untergegangen war, pochte es ans Fenster, die Mutter schlug vor Grausen die Hände zusammen und kreischte: »Das Tier! Das Tier!« Es pochte abermals, da öffnete Franz den Laden und erblickte eine Gestalt, die jetzt unter dem Ahornbaum am Brunnen stand. Er erkannte Romild, die aus dem zinnernen Becher mit der Gier einer Gehetzten Wasser trank. Drei Sprünge, und er war draußen, der Hofhund winselte matt um seine Knie. Schluchzend vor Jubel, daß er noch lebte, zog ihn das Mädchen bis zum Rand des ausgetrockneten Bachs. Sie hatte noch immer die herrisch-gerade Haltung, doch ihre azurgeäderte Haut war entfärbt von überstandenen Leiden aller Art. Die Ihrigen hatten sie beschimpft wie eine Ehrlose, der Vater hatte sie geschlagen, aber nun kam sie von einem Haus der Toten und Todgeweihten; der Liebeswille hatte sie getrieben, den schauerlichen Gang übers Tal zu wagen, und da stand sie, flüchtig und zitternd, dennoch beglückt. »Wir wollen uns ein Zeichen geben«, schlug sie vor; »wenn die Nacht kommt, steckst du eine brennende Fackel übers Dach, ein gleiches will auch ich tun, so wissen wir doch täglich voneinander, daß wir leben.« Franz war damit einverstanden; die Häuser beider Familien waren so gelegen, daß ein Feuersignal von einem zum andern wahrgenommen werden konnte.

So geschah es. Jeden Abend um die zehnte Stunde flammte von Goldrein und von Morter aus ein brennendes Scheit übers Tal: wie zwei irdische Sterne, die einander grüßen. Aber schon am vierten Tag fühlte sich Franz sterbensmatt, und bevor er im Fieber die Besinnung verlor, zwang er der Mutter, deren Herz schon erstorben und hoffnungslos war, das Versprechen ab, an seiner Statt das Flammenzeichen zu geben. Die Greisin übte diese Pflicht treu, und nur der Untergang einer Welt vermochte ihr Gewissen zu betäuben, denn was lag jetzt noch an Zuchtlosigkeit und Entehrung. Aber als der Einzige und Letzte des Stammes langsam zu genesen anfing, fand sie sich belohnt, und sie bekehrte sich zu der Meinung, daß Gott diesen Bund begünstigte, denn es gab nur wenige, die, von der Pest einmal erfaßt, wieder ins Dasein treten durften. Am neunten Tag war er imstande, das Bett zu verlassen; zwei Tage später versuchte er, nach Goldrein zu wandern, doch am Fluß überfiel ihn die wiederkehrende Schwäche des Kränklings, und er mußte von seinem Vorhaben abstehen. Nachdem er den ersten Schein des nächtlichen Fackelbrandes vom Ladurnerhof gewahrt, indes die Mutter willig über seinem Haupt die Lohe hinausstreckte, fiel er in einen gesunden Schlaf. Und wieder zwei Tage später machte er sich kraftvoller auf den Weg, und er wählte den Abend hierzu, weil er sich bei hellem Licht der Beachtung der feindseligen Sippe nicht aussetzen wollte. Er wußte nicht, daß es keine Feinde mehr dort drüben gab und daß der Gau entvölkert war.

Die Dunkelheit war längst eingebrochen, als er über die Brücke ging, und er entnahm dem Aussehen des Sternenhimmels die Stunde. Noch sah er die Fackel nicht, so daß er wähnte, die nahen Häuser des Dorfes entzögen sich seinem Auge. Aber plötzlich flammte sie auf; die Straße noch, der Platz, und nun das Haus. Er pochte; er rief, erst leise, dann laut. Da ihm keine Stimme antwortete, auch kein Schritt hörbar wurde, öffnete er ungeduldig die Türe und eilte ermattend durch den finstern Gang, der ihn zu einer niedrig gewölbten Küche führte. An der linken Seite befand sich ein vergittertes Fenster; durch dieses Fenster wurde die Fackel hinausgehalten, und ihr Schein erhellte düster und mit beweglichen Schatten rückstrahlend den Raum. Aber es war nicht Romild, in deren Händen das Holz brannte, sondern es war die Gorilla-Äffin. Das Tier kauerte am Fenster, zähnefletschend und mit den Lippen in gräßlicher Possierlichkeit schmatzend. Die Gebärde sinnloser Nachahmung, die sich im Hinausstrecken des Armes und dem brennenden Scheit kundgab, war noch schrecklicher als der Anblick des entseelten Mädchenkörpers, der knapp vor den Beinen des Gorilla über die Herdsteine hingebreitet lag, die Gewänder halb vom Leib gerissen, die schneeige Haut blutbesudelt, der Hals wie gebrochen zur Seite geneigt, die toten Augen weit geöffnet und von der Kohlenglut unterm Rost mit täuschendem Leben bestrahlt. Franz Tappeiner stürzte nieder wie einer, dem der Schädel gespalten wird. Der Affe schleuderte die Fackel weg, packte den Wehrlosen und zerbrach ihm mit einer spielenden Gleichgültigkeit das Genick. Dann begann er abermals, stumpfsinnig wie die Nacht, die Bewegungen der schönen Romild nachzuahmen, die er überfallen haben mochte, während sie, im Fieber vielleicht, dem Geliebten das sehnsüchtig erwartete Zeichen gab. Es war aber in seinen großen Urwaldaugen die instinktvolle Melancholie der Kreatur, die von weiter Ferne ahnt, was Verhängnis und Menschenschmerz bedeuten, jedoch in ihren Handlungen nur das willenlose Werkzeug eines unerforschlichen Schicksals bleibt.

Die Pestplage soll damit ihr Ende erreicht haben.

Sicher ist, daß die Äffin, als kurz hernach Regengüsse eintraten, während welcher sie, von Bauern und Hirten verfolgt, durchs Martelltal irrte, bei einem Ausbruch des Stausees am Zufallferner von den eisigen Fluten erfaßt wurde und elend ersoff.

Martell

Das Martelltal ist in der Literatur durch drei Gedichte vertreten. Das erste stammt aus dem Jahre 1852 und erzählt vom schroffen Tode des verwegenen Stallwieser Bauern. Der Verfasser ist Ignaz Vinzenz Zingerle, der 1825 in Meran geboren und 1892 in Wilten verstorben ist. Er war Germanistikprofessor an der Innsbrucker Universität und ist durch seine wissenschaftlichen Arbeiten über Tirol bekannt geblieben. Das zweite Gedicht (1985) ist von Antonia Perkmann-Stricker, einer 1924 geborenen Martellerin, die Lehrerin war und sich heute als Lokalhistorikerin betätigt. Ein drittes (auch 1985) stammt aus der Feder von Norbert Florineth, der hier ein vollkommen anderes Register zieht als in der oben zitierten Erzählung »Im Hintergrund das Marmorgebirge«.

Ignaz Vinzenz Zingerle

Der alte Stallwieser

Im Osten winkt der Tag des Herrn,
Die Glocken klingen nah und fern:
Die Glocken klingen hell, sie rufen
Das Volk zu des Altares Stufen.

Stallwieser hört wohl ihren Ton,
Er zürnt und murmelt ihm zum Hohn:
»Verfeire nicht die Morgenstunde,
Es lockt die Birsch' im Waldesgrunde.«

Er langt den Stutzen rasch zumal
Und zieht hinaus in's frische Thal,
Da zeigt sich bald mit zwanzig Enden
'ne weiße Hindin an den Wänden.

Die steilen Wände schnell hinauf! –
Die Hindin flieht im eil'gen Lauf –
Der Jäger eilt, die Pulse schlagen,
Er muß das edle Wild erjagen.

Risch, rasch, schon ist der Pfad verbaut,
Die Hindin stutzt und schaut und schaut –
Der Jäger zielt, da klingen, locken
So fern des Thales helle Glocken:

»Der Herr erschien auf dem Altar,
Nun bringt ihm eure Opfer dar!«
Stallwieser hört wohl das Geläute
Und flucht und zielt auf seine Beute. –

Es knallt – doch sieh! – die Hindin schwand,
Er steht allein auf steiler Wand,
Nur Felsen steh'n, nur Felsen steigen,
Kein Strauch führt ihn mit grünen Zweigen.

Er steht allein – kein Weg in's Thal,
Die Wände starren schroff und kahl –
Und als erschien die Abendstunde,
Lag eine Leich im Thalesgrunde.

Antonia Perkmann-Stricker

A schians Tol – dös isch mei Huamat!

Es gibt im Gebirg a Talele sou hell,
seit dr Johrhundertwend schreip ma »Martell« –
vieles isch ins erholtn bliebm,
wia miar Naturmenschn es gearn möign.

> Miar hobm nou nette Weg zan Gian,
> schiane Platzlan zan Sitzn und zan Stian,
> frische Waldr, Ockr und Wies,
> die Olman schian wia a Paradies.

Die Berggipfl wia Wochn rundum stian,
ihre Schneakopp will ibrn Summar gor nit vargian,
hintn im Tol dr Gletschr wia a Kroun,
do hot dr Heargott sei Möglichschtes toun!

      Iwroll Woadn, Ruggn und Piechl,
      hoach oubm dr Mou wia a goldene Sichl –
      Bachlan platschrn luschti ins Tol,
      Quelln murmlan do und dert amoll,

Gamslan af die Knött obn grosn,
und Geier aufgschreckt wischplan und blosn,
olle dia Vichlan hobm ihrn Plotz,
die Wurmentn und der freche Spotz.

      Die Bauernhöif, oft recht stickl am Hong,
      wou uan möcht schwindlig sein und bong,
      obr des Beierle lep froah und zfriedn,
      ruhigr als der ondre an dr Tolsoul darniedn.

Die Höif liegn zerstreit umanond,
wearn beorbatat mit fleißiger Hond –
und kemman amol Fremme do auergschnauft:
»Ach, ihr seid hier wohl verloren und verkauft!«

      Die Bauern sogn drauf a wichtigs Wourt:
      »Ins isch heilig und recht inser Ourt –
      Hob's öis eppas, an dem öis so hängg,
      van dr Taaf bis zan Lebensend?«

Norbert Florineth

In Martell, in mein Tol

Wenn i gea übern Komm,
schaug i ochi ins Tol,
siech di Baam und die Wiesn,
griaß enk Gott ollemol.

      Seits nou grian, seits nou schian,
      als hatts schianres nia gebn.
      In Martell, in mein Tol
      möcht i olleweil lebn.

Kimp der Herbscht übert Schneid,
brennand Larchn am Hong,
follnd Schottn afd Maader,
weard der Obad sou long.

    Gibsch a Rua und hosch gnua,
    als hatts pessres nia gebn.
    In Martell, in mein Tol
    möcht i olleweil lebn.

Und im Winter der Schnea
deckt die Dachr, die Stuan,
legg si aui aft Aschtlan,
afn Zaun, afn Ruan.

    Olz isch weiß, olz isch staat,
    als hatts staatres nia gebn.
    In Martell, in mein Tol
    möcht i olleweil lebn.

Muaß i gian von mein Tol,
stea i still af der Brugg,
siech is Wosser wias oirinnt,
schaugis leschtmoll zrugg.

    Ach wos taati für Thioul und
    fürs Rasimitol gebn.
    Weil Martell isch drhuam,
    i möcht olleweil do lebn.

Juval

Schloß Juval ist eine der Vinschgauer Burgen, die am häufigsten Thema literarischer Texte ist. Die Ballade des Naturnser Kaufmanns Luis Kristanell (1891–1976), der gelegentlich gedichtet hat, erzählt vom Liebesleid der Kunigunde, die schlußendlich von ihrem Vater zum Happyend nach Hause zurückgeholt wird.

Luis Kristanell

Kunigunde auf Schloß Juval

Auf steilem Felsen, kühn, erhaben,
da thront Juval, das alte Schloß.
Heut kreisen oftmals, krächzend Raben,
einst hausten Ritter, hoch zu Roß.
Und sonnenfreudig grünt' ihr Leben
am Ahnenbaum schon lange fort;
ein stark Geschlecht mit Speer und Degen
beschützte diesen Ritterhort.

In dieser stolzen Ritter-Veste
einst herrscht' ein finstrer Edelmann,
der nur durch Trug und falsche Geste
des Nachbarschlosses Maid gewann.
Er führt' sie nach dem Hochzeitstage
mit großem Prunk im Schlosse ein,
ergab sich wildem Trinkgelage -
von Liebe blieb nur eitler Schein.

Die junge Braut ward so betrogen,
ihr Herz und Sinn zutiefst gerührt,
auf edle Art war sie erzogen,
von keinem Leid, noch Frost berührt.
Die hohe Frau hieß Kunigunde.
Ihr Glück verglüht' bei Lärm und Klang;
er zechte haltlos in der Runde
drei Tage und drei Nächte lang.

Als sie so weint' in schwerstem Leide,
zertrümmert sah ihr Liebesglück,
da quoll in ihr ein Strahl der Freude,
führt' sie ins Heimatschloß zurück.
Der Vater kam ihr schon entgegen,
dem eine Trän' im Auge stand.
»Komm, liebes Kind, dir sei vergeben,
es blühe dir ein bessres Land.«

Ein eigenwilliges Buch ist die fiktive Autobiographie des Tscharser Holzhändlers und Steigenherstellers Adolph Lamprecht, die Hannes Benedetto Pircher geschrieben hat. Das umfassende Buch ist eine ungewöhnliche Mischung aus bergbäuerlichen Kindheitserinnerungen, barocker Volksfrömmigkeit, Philosophie und Industrie. Pircher, 1971 geboren, ist übrigens der am spätesten geborene Autor der vorliegenden Anthologie. Er ist in Naturns aufgewachsen, war eine Zeitlang Benediktinerfrater, studierte in Salzburg und München und lebt heute als Jesuit in Wien. »Adolph Lamprecht. Biographisches« ist 1993 als Privatdruck erschienen, illustriert von Georg Pircher. Der hier zitierte Ausschnitt beginnt mit dem Schweineschlachten auf Juval und geht in Reflexionen über das Einfach-Komplizierte über.

Hannes Benedetto Pircher

Adolph Lamprecht. Biographisches

[...]

Auf Juval hat man Schweine geschlachtet. Jedes Jahr hat man auf Juval Schweine geschlachtet. Meistens am Tag der Weihe der Lateranensischen Basilika. Und wenn nicht an diesem Tag, dann am Tag des hl. Franz Xaver, des edlen Bekenners aus der Gesellschafte Jesu. Von den geschlachteten Schweinen solle man, hat man gesagt, auch nichts wegwerfen, denn man könne, hat man gesagt, alles irgendwie gebrauchen. Auch wir haben von den Schweinen nichts weggeworfen. Ich hatte keine Schweine. Ich hatte keine Ziegen. Ich hatte keine Schafe. Mit meinem ersten Bart habe ich ein Lamm bekommen. Meinen ersten Bart hat der Spöhler geschnitten. Am Heiligen Samstag hat der *Meißnr* das Lamm (mit einer Fahne geschmückt) auf den Hochaltar gestellt. Dann ist wieder die schöne Zeit gekommen, wenn der Frühling auch wirklich schön war und warm. Dann haben wir die Schweine aus dem Stall gejagt und sind ihnen nachgerannt. Aus dem Stall konnten sie nur, wenn die Sonne schon nur mehr fahl und nicht mehr mit ganzer Kraft über den *Moargugg* herblickte. Wir haben oft gewartet, bis die Sonne über dem *Moargugg* stand.

Von den Schweinen haben die Alten Großes gesagt. Die Alten haben immer schon unterschieden. Sie haben das eine vom anderen zu unterscheiden gewußt, um zu Klärungen über die Dinge zu kommen. Ein Schwein ist keine Katze. Das ist eine Unterscheidung. Jede Katze ist kein Schwein und kein Schwein ist jede Katze.

Für mich hat es sich nicht immer geklärt.

Dann gäbe es besondere Gaben der Unterscheidung. Die Mutter konnte die Geister unterscheiden. Die Mutter hat zum Trost uns geführt und wir haben bitterlich geweint, und sie hat unsere undankbaren Seelen mit guten Dingen gefüllt.

Über die Dinge sind dann Klärungen gekommen.

Und die Mutter hat gesagt, daß es zwei verschiedene Arten gäbe, eine heile und eine gute Wahl zu treffen. Mindestens einmal im Advent und einmal in der Fastenzeit hat die Mutter eine Art, ja Predigt gehalten (nach dem Rosenkranz am Abend immer, der den Tag in der Regel eindeutig und unwiderruflich zu beschließen hatte; daß man also nach dem Rosenkranzgebet und dem *Aus der Tiefe* und dem *Herrgibinendiewigerua* noch etwas sagte, selbst die Mutter, schien ganz etwas Besonderes, eigentlich schon Unrecht, – mir kommt fast vor – irgendwie Sittenlosigkeit zu bedeuten; wie dem auch sei!). Mir hat das die Anna erzählt. Man hat zu diesem Anlaß immer zwei Kerzen angezündet. Sonst immer nur eine und ohne Halter. Die Halter für die zwei Kerzen, die man zu solchem Anlaß benötigte, hat die Mutter von einem Benediktiner aus der Abtei Unsere Liebe Frau in Einsiedeln geschenkt bekommen. In Einsiedeln haben sie geheiratet, meine Eltern. Und die Anna hat mir dann auch gesagt, was die Mutter immer gepredigt habe. Es sei notwendig, habe die Mutter gesagt, daß alle Dinge, über die man eine Wahl anstellen wollte, in sich gleich (der Luis hat immer gesagt: *indifferent*) oder gut seien und daß sie innerhalb der heiligen Mutter, der hierarchischen Kirche, dienlich seien und nicht schlecht oder ihr widerstreitend. Es gäbe einmal Dinge, die unter eine unabänderliche Wahl fielen, wie die Ehe und das Priestertum, dann aber auch solche Dinge, die unter eine veränderliche Wahl fielen, wie zum Beispiel kirchliche Pfründe annehmen oder sie verlassen, irdische Güter wie Speck und Schnaps annehmen oder sie weggeben. [...]

»Was ist, wenn man Brot aus der *Selchkuchl* stiehlt? Ist das Brot, nach dem der hungernde Leib begehrt, ein Ding, das einer veränderlichen Wahl unterliegt?« habe ich damals die Anna gefragt.

»Das schon. Stehlen darf man nicht. Nicht Stehlen ist ein geistliches Werkzeug wie Tote begraben und Arme bewirten und den Leib in Zucht nehmen. Wenn der Leib aber nach dem Brot begehrt, weil er schon lange nicht mehr ein Brot bekommen hat, dann ist das keine Wahl!« hat die Anna gesagt. Man müsse sich ein Herz fassen, sagte sie, und Gott nur könne einem Gnade schenken, seinen Heilswillen anzunehmen, und *kein Kraut nicht*.

»Ist das Brot also dann rein Gegenstand des fleischlichen Begehrens, über den man gar nicht verfügen kann und den man daher auch nicht wählen kann, sondern der an sich zieht wie der Magnetstein die Strickeisen?« frag' ich mich heute.

Ich wußte nichts mehr.

Wir haben das Korn vom Spöhler aus zum Sandmühler getragen. Und vom Sandmühler aus haben wir dann die *Parln* zum Spöhler hinaufgetragen. Ich hab' zwei *Parln* beim Hinauftragen hinuntergewürgt; man würde das nicht merken. Ich war zum Essen zu schwach, ich war zum Tragen zu schwach. Schwach war ich eher schon.

Und die Anna hat gesagt: »Ich hab' auch kein Brot. Sei aber nicht traurig, Adolph, und in der Not zweifle nicht an der Fülle.«

[...]

Schloß Juval gehört heute dem 1944 in Villnöß geborenen Abenteurer und Schriftsteller Reinhold Messner. In seinem 1994 erschienenen autobiographischen Werk »13 Spiegel meiner Seele« erzählt er vom Kauf und von der Gestaltung der Burg und davon, was er – 1994 – damit vorhat.

Reinhold Messner

Vom Gestalten meiner Heimat. Meine Fluchtburg

[...]
    Es war so unangenehm, beim Verlassen meines Hauses gleich vor der Tür Autogramme geben zu müssen, daß ich anfing, von einer Fluchtburg zu träumen. Mein erster Gedanke an eine Burg als meine Behausung war ein Tagtraum: hoch oben am Berg, hinter Mauern geschützt, stellte ich mir einen Ort zum Bleiben vor. Mit dem Hintergedanken, mich zu verstecken, zu verschanzen, wie einstmals die »Rittersleut« auf ihren Burgen, begann ich die Suche nach einer Ruine. Eine intakte Burg hätte ich nicht kaufen können, höchstens eine Halbruine! Ich konnte sie ja wieder herrichten. Dies entsprach auch meinem Bedürfnis, etwas zu gestalten. Auch damals kam es mir primär nicht darauf an, etwas zu haben, zu besitzen, ein Leben lang zu besetzen.
    Landauf, landab suchte ich nach meiner Fluchtburg. Für mich als inzwischen »verwurzelten« Südtiroler mußte sie in Südtirol stehen, nicht in Österreich, nicht in Bayern und auch nicht in der Schweiz. Bald schon stieß ich auf Angebote. [...]
    Schon während dieser Verhandlungen suchte ich auch im Vinschgau nach einer Burgruine. Dieser westliche Teil Südtirols war mir immer der fernste Winkel des Landes gewesen. Ich war oft durchgefahren, um zum Ortler oder in die Ötztaler Alpen zu gelangen, aber nie länger geblieben. Es war mir alles zu weit dort, auch zu weit weg. Nachdem ich mich für die Umsetzung meines Burgtraums zunächst mit dem Pustertal und dann mit dem Eisacktal angefreundet hatte, gefiel mir plötzlich sogar der Vinschgau. Dort gab es nicht nur das intensivste Licht, sondern auch die widerspenstigsten Bürger und die schönsten Objekte. Ich verhandelte mit Privatpersonen und mit Gemeinden und zuletzt mit den Besitzern um ein riesengroßes Anwesen, Schloß Goldrain. Diese Anlage war in gutem Zustand und weiträumig.

Wir wurden uns über den Kaufpreis einig. Trotzdem mußte ich am Ende nein sagen. Ich hätte Goldrain nicht erhalten können.

»Ich will nicht ein Leben lang dafür arbeiten, meine Dächer in Ordnung zu halten«, erklärte ich meinen Entschluß.

»Es müßte öffentliche Gelder dafür geben.«

»Für einen persönlichen Spleen?«

»Sie könnten die Burg ja teilweise vermieten.«

»Nie.«

»So eine Burg gibt es kein zweites Mal.«

»Ich weiß, es wäre ein kostspieliger und sicherer Gefängnistrakt für mich. Goldrain ist für meine Verhältnisse einfach zu groß.«

Ich fuhr wieder nach Hause, Richtung Meran und Bozen. Von der Talsohle aus spähte ich nach oben, hielt Ausschau nach Türmen und Zinnen. Das Suchen nach einer Burg war zwanghaft geworden.

Die Schloßtürme von Juval erkannte ich aus dem fahrenden Auto nicht sofort als Teil einer Burganlage. Ich ahnte nur etwas Besonderes hinter den ruinenhaften Mauern. Ich fragte die Leute, was das für ein Gebäude sei, und sie sagten mir, es handle sich um eine alte, halb verfallene Burg. Mehr wußten sie auch nicht darüber, und nur einer nannte ihren Namen: Schloß Juval. Ich hatte ihn nie gehört. Ohne zu zögern fuhr ich über eine Schotterstraße, die gerade angelegt wurde, den Berghang hinauf. Kehre um Kehre. Ich erinnerte mich, daß über diesen Weg eine Auseinandersetzung in der Zeitung gestanden hatte: Umweltschützer gegen Bauern, die da oben am Berg eine Straßenverbindung wollten. Auf halbem Weg hörte die Straße auf. Ich ging zu Fuß weiter. Ich kam zu einem Bauernhof, dann zu einem zweiten, und schließlich zur Burg. Sie war verriegelt. Um zum Haupteingang zu gelangen, mußte ich über einen Eisenträger balancieren, der einen Abgrund überbrückte. Die ehemalige Zugbrücke war zusammengefallen. Ich rief. Niemand antwortete. Lange wartete ich nicht, ehe ich schnurstracks über die Felsen kletterte und weiter über die Schloßmauer empor, bis ich darübersteigen konnte. Als ich in einem ersten engen Schloßhof stand, wußte ich, daß ich fündig geworden war.

»Das ist meine Burg.«

Ich war berührt. So wie beim ersten Zusammentreffen mit der Bronze von Gesar Ling, von dem ich nie vorher etwas gehört hatte und so wie ein Jahr später beim Anblick eines jungen blonden Mädchens vor der Karlsbader Hütte in den Lienzer Dolomiten. So wie später Sabine und vorher die Gesar-Figur mich gefangennahmen, faszinierte mich jetzt diese Burg. Ich ging durch die Höfe, schaute durch zerborstene Fenster nach innen. Alle Türen waren zugenagelt. Ich fand eine Luke, groß genug, daß ich durch sie in den Palas steigen konnte. Alles war kaputt und staubig und seit vielen Jahren verlassen. Und doch sagte ich zu mir: »Diese Räume kenne ich. Das habe ich alles schon gesehen. In meiner Phantasie. Meine Fluchtburg könnte harmonischer und perfekter nicht sein.«

Juval entsprach meinem Wesen, meiner Stimmung, meiner Vorstellungswelt.

Über Treppen und Gänge drang ich immer weiter ins Innere der Burg vor. In der gesamten Anlage gab es keinen bewohnbaren Raum mehr. Ich war über ihren Zustand aber nicht enttäuscht, nur ein bißchen erschrocken. Am gleichen Tag noch bat ich den Organisator Paul Hanny, der kurz vorher mit mir im Himalaya gewesen war, mit dem Besitzer von Burg Juval, der erst noch ausfindig gemacht werden mußte, Kontakt aufzunehmen.

Es wurde nicht lange verhandelt. Ich konnte Juval kaufen, obwohl der Besitzer, Hans Klotzner, viele Angebote ausgeschlagen hatte. Dieser kauzige alte Mann mochte mich. Trotz meiner kritischen Aussagen zum historisch-politischen Südtirol oder gerade deswegen. Ich sollte in Juval die Verantwortung übernehmen.

Ein Jahr lang ließ ich die Burg, wie sie war. Ich veränderte fast nichts, wollte abwarten, Klarheit gewinnen. Ein paar Freunde führte ich hin und eine Handvoll Handwerker. Alle waren sich darüber einig: Juval war faszinierend, aber nicht machbar.

Auf meinen Reisen, im Zelt, wenn ich die Augen geschlossen hatte, richtete ich meine Burg ein. Weil ich mir jeden Raum vorstellen konnte, war er bewohnbar. Erst nachdem ich wußte, wie Juval werden sollte, wie ich dort leben konnte, begann ich mit der Sanierung. [...]

Zehn Jahre lang wohnte ich mit meiner Familie während der warmen Jahreszeit in Juval. Zehn Jahre lang stellte ich Möbel um, ergänzte ich Sammlungen, konzipierte ich Räume. Zuletzt die »Höhle der Verwandlungen« mit einer Tantrasammlung. Nur solange ich es umgestalten konnte, war Juval mein Zuhause. Praktisch, wenn ich da war, und im Geiste, wenn ich unterwegs war.

Meinen Marsch durch die Antarktis muß man sich auch als einen Marsch durch Zimmerfluchten vorstellen, durch die sich unendlich oft wiederholenden Räume von Juval. Und immer wieder hingen andere Bilder an den Wänden, ungezählte Male standen andere Möbel im Raum. Während ich durch die scheinbar unendliche Weite ging, bewegte ich mich gleichzeitig durch Juval. Wenn das Wetter gut war und ich nicht aufpassen mußte, wenn also alle paar Minuten ein flüchtiger Blick auf den Kompaß genügte, lief ich tagelang durch Zimmerfluchten. Ich stellte mir die Burg immer wieder vor, und mit jedem Objekt, das ich verschob, lief ich durch alle Räume, um die Veränderung, die wie eine Kettenreaktion andere Veränderungen nach sich zog, zu beobachten und anschließend auf sie zu reagieren. Indem ich eine einzige Veränderung vornahm, veränderte sich das Ganze.

Von meinen Reisen kam ich vielfach mit einer neuen Vorstellung von Juval nach Hause und stellte Stück für Stück um. Auf den Zentimeter genau wie ich es mir ausgemalt hatte. Innenarchitektur als Hilfe, wenn ich völlig verloren unterwegs war, als Therapie. So groß aber meine Freude gewesen war, Juval gefunden zu haben, so groß die Begeisterung, es wiederherzustellen und zu beleben, es blieb ein Versuch, der zum Scheitern verurteilt war.

Auf die kritische Feststellung eines Architekten, Juval sei so maniert wie ein neugotischer Bahnhof, hatte ich keine Antwort.

»Ist es nicht Kitsch, Türklopfer aus Tibet in eine Burg in den Alpen zu integrieren?«

»Auch Kitsch gehört zur Kunst. Wer bewertet, was Kitsch ist und was Kunst? Der Anspruch ist der gleiche: etwas zu gestalten, etwas auszusagen, Ideen auszudrücken. Sich selber auszudrücken.«

»Und dann der Bergsteiger als Schloßherr. Einen größeren Gegensatz kann ich mir nicht vorstellen. Den Bergsteiger verbinde ich mit Nomadentum. Er ist unterwegs, lebt im Zelt. Der Schloßherr ist der Inbegriff des Seßhaften.«

»Das ist richtig. Der Widerspruch ist aber nur vordergründig. Ich bin ein Halbnomade, einer, der weggeht und wieder heimkommt. Wer aber weit weggeht, unter härtesten Bedingungen lebt – extremer Kälte, extrem sauerstoffarmer Luft, dem Fehlen von Wasser, wenn ich durch die Wüste laufe, oder von Licht, wenn ich durch die arktische Nacht tappe –, braucht ein warmes Zuhause.«

Der Tibeter, der im Sommer von Hochalm zu Hochalm zieht, hat irgendwo im Tal ein festes gemauertes Haus, wohin er sich im Winter zurückzieht. Er ist Halbnomade. Ähnliches gilt für mich. Ich kann nur weit gehen, wenn ich ein starkes Zuhause habe. Juval ist mein Fixpunkt in Europa und mein imaginärer Fixstern, wenn ich weit weg bin. Dort schwingt mein Leben aus. Wenn ich unterwegs bin, schlafe ich im Zelt oder unter einem Überhang, in einer Höhle. Und ich fühle mich wohl dabei. Wenn ich daheim bin, will ich mich nicht wieder um

Zeltschnüre oder um sauberes Trinkwasser kümmern müssen. Dort gibt es anderes zu tun.« [...]

»Könnten Sie weggehen von [Juval]?«

»Ich werde weggehen.«

»Wann?«

»Wenn die Anlage ganz saniert ist.«

»Und wann wird das sein?«

»1995, 1996 vielleicht.«

»Und was dann?«

»Vielleicht öffne ich sie dem Publikum. Als Museum. Zur Zeit wird im ehemaligen ›Baumannhäusl‹ vor der Burg ein Empfangsraum eingerichtet, wo sich Besucher versammeln können. Sollte die Burg tatsächlich zum Museum werden, müßte ich den schmalen Weg absichern, der von Norden her zur Ruine führt. Dort würde der Ausgang sein. Zehn Räume würden zu sehen sein: der Spielturm, die Yeti-Höhle, die Hauskapelle, das Maskenzimmer, der Saal der Tausend Freuden, die Bibliothek, der Expeditionskeller, die Gompa, die wie das Herz eines tibetischen Klosters eingerichtet ist, die Ruine als Haus der Trolle und der Gnome und die Bildergalerie. Dazu beide Schloßhöfe, in denen eine Reihe von Sammelstücken stehen, in Nischen und leeren Fensterhöhlen.«

»All das wollen Sie den Massen ausliefern?«

»Soll ich meine Sammlungen verstauben lassen? Ich bin kein Menschenfeind. Ich möchte aber meinen Liebhabereien nachgehen können, ohne mich dauernd rechtfertigen zu müssen, ohne belästigt zu werden, ohne Erfolgsdruck.« [...]

Zehn Jahre lang war ich in Juval daheim, auch wenn ich in dieser Zeitspanne lebte wie die Arktische Seeschwalbe, die vom Nordpol zum Südpol fliegt und wieder zurück. Ich kam gerne heim, ging gerne fort. Juval ist immer noch groß genug, ruhig, harmonisch. Besser kann eine Bleibe nicht sein. Und trotzdem will ich weg. Auch, weil die Anlage nicht mehr besser machbar ist. Ich kann nicht weiter gestalten, nicht nochmals umstellen, nicht weiter sammeln, ohne die geschaffene Harmonie zu zerstören.

Ich werde mich also von Juval zurückziehen. Spätestens dann, wenn meine Kinder in die Schule gehen müssen. Ob die Burg dann einer breiten Öffentlichkeit zugänglich gemacht wird oder nicht, ist zweitrangig. Für mich wird Juval nicht mehr wichtig sein.

Die Schafe und der Ötzi

Keine zweite Vinschger Gegend wird in der Literatur so konsequent mit einem Tier in Verbindung gebracht wie das Schnalstal, das unterste Seitental des Vinschgaus – nämlich mit dem Schaf. Der Schlanderser Kulturpublizist Hans Wielander, Jahrgang 1937, verwendet die Schafe als Symbol für politisches Herdentum, aber auch für grenzüberschreitende Zusammenschau. Sein Text »Politik und Schafe« (1988) besteht aus einem einzigen Satz, mit einem einzigen Punkt nur am Schluß, und versinnbildlicht damit den alljährlichen Zug der Schnalser Schafe ins Nordtiroler Ötztal.

Hans Wielander

Politik und Schafe

Es gibt viele Möglichkeiten von politischer Weiterbildung, eine davon ist die Schafwanderung von Südtirol zu den Almen im Nordtiroler Ötztal, jährlich Mitte Juni, schon seit Jahrhunderten, da ziehen also viele tausend Schafe aus dem Vinschgau, früher auch aus dem Ultental, über die eisbedeckten Jöcher der Ötztaler Alpen, um die alten Rechte wahrzunehmen, uralte Weiderechte der Südtiroler Bauern, die auch die neue Grenzziehung nicht auszulöschen vermochte, sie ziehen also mit ihren Schafen über den Alpenhauptkamm, wie einst die ersten Siedler, die vom Süden her das oberste Ötztal bevölkert haben, noch heute gibt es gleiche Familiennamen, es wurde hin- und hergeheiratet, es wurden Holztruhen über die Gletscher geschleppt mit dem Heiratsgut der Braut, ein schönes Bild, sich vorzustellen, daß eine mit Sonnenrädern und Fruchtbarkeitszeichen beschnitzte Truhe mit gotischen Bögen über den Firn geschoben wird, eine Firngleittruhe, darin gestickte Brauttücher, die Braut daneben hergehend, mit einem Bündel, in Tracht natürlich, und sie wird so schnell nicht wieder zurückkehren, denn schon im nächsten Jahr wird sie ein Kind unter dem Herzen tragen und dann noch viele und sie wird nicht mehr so leicht übers Joch kommen, vielleicht einmal noch in späteren Jahren, ein letztes Mal, man war also verwandt, man hat sich besucht, auch kirchliche Bande verknüpften die Hochtäler mit Südtirol, die Toten wurden sogar von Vent über zwei Jöcher ins ferne Göflan getragen, und wenn im Winter gestorben wurde, mußten die Leichen auf dem Dachboden gespeichert werden und konnten erst in der wärmeren Jahreszeit dem Friedhof der Mutterkirche übergeben werden, so will es die Sage, sicher aber ist, daß die Pfarrbindung erst im sechzehnten Jahrhundert aufgelöst wurde und zwar im Jahre 1582, aber die Almrechte, die gelten heute noch, da können Staaten Grenzen machen, welche sie wollen, das hält zusammen, das ist so fix, daß nicht einmal der Mussolini daran gerüttelt hat, er hatte vielleicht besonders viel Verständnis für Schafe, oder er wollte von hier aus das Eroberungswerk fortsetzen, jedenfalls ist der jährliche Zug der Schafe ein wichtiges Ereignis, schon längst auch für die Presse, für Filmemacher und Fotografen, die Schafe und Hirten, auch ihre Hunde, sind Fernsehstars geworden und Fotomodelle, aber das nur so nebenbei, denn in Wirklichkeit ist das eine harte Arbeit, und wenn man mitgeht, kommt man außer Atem, wird ruhig und zurückhaltend, da vergeht einem das Reden, sogar die Politik, aber mit Politik hat die Sache doch zu tun, mit politischer Weiterbildung, dabei meine ich weniger die alte Landeseinheit, die hier beschworen wird, ich meine den politischen Unterricht durch die Schafe, den ich da genossen habe, so daß ich nun endlich mehr von Politik verstehe, aber ich meine auch nicht den guten Hirten, den ich da gesehen habe mit dem Lämmlein auf den Schultern, wie unser Herr Jesus, auch das habe ich gesehen, [...]

Wilhelmine Habicher hat die Schnalser Schafe in ein gleichförmig tönendes Mundartgedicht verpackt, das an ein Schlaflied erinnert. »Di Schnålzr Schoof« (1989) bestehen aus banalen Feststellungen und gipfeln in einem frommen Wunsch.

Wilhelmine Habicher

Di Schnålzr Schoof

Miar Schaaflan,
miar Schaaflan,
miar Schaaflan va Schnålz,
miar fressn jede Zeet,
ibrn Groot aui ållz.

Miar wåndrn,
miar wåndrn
ibrt Grenz, ibrn Schneea,
fintn Groos unt Kraitr gnua,
då unt dert goor Kleea.

Miar wåxn
unt wåxn –
sain gniagsåm unt fain. –
Gott geeb, daß a firrt Lait
båll koane Grenzn mea sain.

Die Schafe bilden auch den Auftakt in den Schnalstaler »Impressionen in Haikuform« (1990) von Alfred Gruber. Der Text besteht aus zehn Haikus, einer japanischen Gedichtform, deren Gesetzmäßigkeit es ist, aus drei Zeilen zu bestehen, deren erste und dritte aus jeweils fünf Silben besteht, deren zweite aus sieben.

Alfred Gruber

Schnalstal.
Impressionen in Haikuform

Geruhsam weiden
weiße Schafe am satten
grünen Wiesenhang.

Schwarze Gehöfte,
üppige, bunte Wiesen,
Grün-Grau von Wald-Berg.

Berggipfel ringsum,
Waldgrün, Herdenglockenklang,
Himmel, Luft, Sonne.

Holzbrücke über
dem rauschenden Bach, umsäumt
von jungen Lärchen.

Wie getäfelte
Stube, holzwarm ist das Tal
in den Herbstfarben.

Klang der Kuhglocken,
Jubilieren der Vögel,
Rauschen der Bäche.

Frisch-fröhlich springt das
Bächlein knabengleich ins Tal
zum größeren Bruder.

Wo einst Häuser und
Äcker und Wiesen, spiegeln
sich Wälder im See.

Das sanfte Glühen
gelbbrauner Lärchen erhellt
und erwärmt das Tal.

Tannen und Fichten,
alles Land hell glitzernd in
weißen Kristallen.

Unsere literarische Wanderung beschließt ein lyrischer Prosatext von Kadmon. Der Autor ist 1965 in Schwanenstadt (Oberösterreich) geboren, er ist Schriftsteller, Okkultist und Musiker und lebt in Wien. »Similaun. Bruder im Eis« (1994) literarisiert im ersten Teil die Bergung des Ötzi; im dritten Teil schildert Ötzi selbst sein allmähliches Absterben vor vielen, vielen Jahren.

Kadmon

Similaun. Bruder im Eis

I

Glinternd, glisternd, glitzernd Myriaden weißer Splinter ... See me alone. Wieder träumte ich von dir, Bruder im Eis, Bruder in der Stille, Bruder im Sturm, brach auf zu dir in die Kristallwelt, saß an deiner Seite und hütete den Winterschlaf deines unversehrten kandisfarbenen Leibes. In einer klaren Nacht, in aller Stille hielt ich Totenwache an deiner Kemenate. Ecce homo. Mein Eisheiliger, mein Heide im Eis.

See me alone. Bald würde es um deine Stille geschehen sein. Nur noch Stunden. Myriaden weißer Nächte in dreitausend Metern Höhe. Auf eine schwer zu beschreibende Weise empfand ich tiefe brüderliche Gefühle für die einsame Gestalt, die am 19. September 1991 in den Ötztaler Alpen aufgefunden wurde, wenige Tage vor dem Herbstpunkt. Ich war wie gebannt, als ich die ersten Bilder dieser Schneeseele zu Gesicht bekam, sie strahlte etwas aus, was mich tief in ihren Bann zog. Eisheiliger, dein Leib war halb eingetaucht in hartes Wasser, nur dein Oberkörper, deine leeren Hände, deine kalten Schultern ragten hervor, nur noch Haut und Knochen, doch unversehrt. Dein Schädel, die Augen nach unten, befand sich dicht über dem Eis, als wolltest du daraus trinken oder nach deinem Spiegelbild suchen ... ein Kuß der Stille.
[...]

III
Glinternd, glisternd, glitzernd Myriaden weißer Splinter, die auf meinem einsilbigen Gratgang in den Augen schmirgelten, meine Haut ritzten, meine leeren Hände. Eiskristalle in meinem widerspenstigen

Der Similaun-Mann vom Hauslabjoch.

Haar. Es wurde Abend, über mir sah ich schon die ersten kalten Sterne. Ich war entmutigt, hungrig, war stundenlang den Fährten im Schnee gefolgt, ohne fündig zu werden. Das Schneereich zeigte mir seine kalten Schultern. Ich brach die Suche ab, kehrte um mit leeren Händen. Ein Schneesturm kam auf.

Ein Alleingang, ein Gratgang auf der Schneide, links die weiße, rechts die schwarze Einsamkeit. Ernstsilbig der Gletscher unter mir, über mir finsternd ein anderer Gletscher aus Asche und Kohle, der nächtliche Himmel: Abendland, Abschiedland. Ich würde die Siedlung vor Sonnenuntergang nicht mehr erreichen. Allmählich wurde es Nacht, der Gletscher verwandelte sich in einen einzigen großen Schattenhang. Harscher, brachialer wurde der Schneesturm. Meine Augen, meine Schläfen schmerzten. In der Finsternis und Splinternis, die meinen Weg überschattete, konnte ich bald nichts mehr erkennen. Ich fand eine Schneenische im Gestein und beschloß, in ihr das Ende des Sturms abzuwarten.

Es schneite. Es stürmte. Ich wußte, daß ich nicht einschlafen durfte. Um nicht in den Schlaf zu fallen, bewegte ich mich unentwegt, aber ich wurde rasch müde, meine Lider wurden schwer. Schon ahnte ich die ersten Zeichen, Gesten des Todes, spürte, wie er sich näherte, um den Mantel des Schweigens um meine kalten Schultern zu legen. Meine Augen fielen immer wieder zu. Ich ballte meine Hände zu Fäusten.

Es schneite, es stürmte. Es schneite Stille, es schneite Schlaf. Meine Lider waren schwer wie Schnee, noch wehrte ich mich gegen den großen Schlaf, aber mein Widerstand ließ nach. Langsam schneite ich ein. Unter der Lupe der Zeit verwischte die Grenze zwischen dem Gletscher und meinem Inneren, undeutlich nahm ich wahr, wie sich die Nischen, Kammern, Gruben meines Körpers mit Schnee und Schlaf füllten. Durchscheinende Wesen entfernten sich auf dem Eis, tanzten im Schneesturm allmählich davon, näherten sich dem großen Schattenhang des Similaun, um sich schließlich aufzulösen. Es waren meine Kräfte, die mich verließen. Ich wollte schlafen. In aller Stille wanderte der Gletscher in mich. Ich näherte mich dem großen Schattenhang, stieg ihn langsam hoch, hüllte mich in den Mantel meines Schweigens. Ich warf einen letzten Blick auf meinen schneebedeckten Leib tief unter mir in der Nische zurück. Pietà.

[...]

Vinschgauwärts

Immer sind es einzelne, bestimmte Orte, die in den Texten genannt und zu den Protagonisten, zur Handlung und zur erzählten Zeit in Beziehung gesetzt werden. *Der Vinschgau, Vinschger, vinschgerisch*: Zu komplex, zuwenig greifbar, zu künstlich oder zu allgemein sind diese Wörter wohl, als daß die Literaten sie verarbeiten. Und doch gibt es einige Texte, die sich »flächendeckend« auf den Vinschgau als Ganzes beziehen. Dieses Kapitel besteht vorwiegend aus Gedichten: Vermutlich wird diese Gattung, verdichtet, der Komplexität des Umfassen-Wollens am ehesten gerecht.

Erst mit und nach der Romantik siedeln Schriftsteller mittels Ortsnamen ihre Texte in einer konkreten geographischen Umgebung an. Die ältesten Vinschgau-Texte in den vorangehenden Kapiteln stammen also nicht zufällig aus der ersten Hälfte des 19. Jahrhunderts. Einmal aber dürfen wir einige Jahrhunderte zurückgreifen: auf den im Jahre 1557 in Innsbruck erschienenen »Tiroler Landreim« von Georg Rösch von Geroldshausen. Dieses Gedicht umfaßt 120 Zeilen, es ist das erste in Tirol *gedruckte* Gedicht in deutscher Sprache, und sein Originaltitel lautet »Der fürstlichen Grafschafft Tyrol Landtreim«. Sein Verfasser ist im Jahre 1501 in Lienz geboren und 1565 in Innsbruck verstorben, er war Lehrer und Beamter. Der »Tiroler Landreim«, ein Loblied auf Tirol, erwähnt auffallend viele Ortsnamen, die jeweils mit den landwirtschaftlichen Besonderheiten der Gegend in Verbindung gebracht werden. Die folgenden Zeilen beziehen sich auf den Vinschgau. Seltsame Tiere sind die *Neunaugen:* Sie gehören zur Familie der Rundmäuler und werden etwa 30 Zentimeter lang, sie leben im Schlamm und haben auf jeder Seite je neun mit Zähnen besetzte Körperöffnungen, über die sie ihre Nahrung zu sich nehmen, vorwiegend Blut und Fleisch. Für unsere Vorfahren waren diese Tiere anscheinend ein begehrter Leckerbissen.

Georg Rösch von Geroldshausen

Tiroler Landreim

[...]
Ultner kirnig / digens Fuetter
Des korns ist Vintschgew ain Mueter.
Hat groß Sparglen zuo früer zeyt
Inthal kostlich Neünaugen geyt.
Wachsung des Korns und Graß zwyfach
Gybt Cortscher / Schnalser / Stiltzer pach.
[...]

Johann Friedrich Primisser, der als einer der Begründer der Tiroler Dialektliteratur gilt, poltert in seinem Gedicht »A Lied im Franzosen Rummel« (1799) munter drauflos und zementiert zwischen Kaiser, Gott und Bichs das heitere Klischee vom knoschpeten Tiroler. Primisser ist 1757 in Prad geboren, war Jurist und Archivar in Innsbruck und verstarb dortselbst im Jahre 1812. Sein »Lied im Franzosen Rummel« bezieht sich auf die Kämpfe zwischen den Tirolern und den napoleonischen Truppen, die 1799 auch auf das *Oberland,* die Gegend um den ehemaligen Gerichtsbezirk Nauders, übergegriffen haben.

Johann Friedrich Primisser

A Lied im Franzosen Rummel

[...]
Die Walschen! Ja, daß Gott erbarm!
Sein freila pure Heiter,
Sihst afa den Tirolar Arm?
Huj! nur koan Schritt mea weiter!
Ja, sproz nur einer, Tuifelsboan,
Mier wölln dirs schon drahnen;
Was 's Stutzl nit dertuet, dertoan
Die Stoaner-Krafellahnen.

Für üns ists krad a Kirchtatanz,
Denn mier – mier halten zsamen,
Und lieben Gott und Kaiser Franz
Und ünser Landl. Amen!
A habn mier ünsrer Alten Lehr
Bei weiten nit vergessen,
Die haben sich mit Ruahm und Ehr,
Mit zwean auf oamal gmessen.

Mei Voda hot mar oft erzöhlt,
Wie er hot Boarn gschossen;
Sie purzelten, vom Blei geföllt,
Von machtig hoachen Rossen,
Und was das hoaße Blei verschont,

151

Dermaggeten die Stoaner,
I selber sach im Oberland
An Haufen Todtenboaner.
[...]

Die zwei Tiroler Dichter Lertha und Leonhart Wohlgemuth besingen in Ignaz Vinzenz Zingerls Tirol-Anthologie von 1852 den Vinschgau. Das seltsam grausige Pathos dieser zwei Gedichte ist einzigartig. Lertha ist das Anagramm für Thaler: Josef Thaler, geboren 1798 in Ulten, starb 1876 als Kurat, Historiker und Reimemacher in Kuens bei Meran. Leonhart Wohlgemuth – vermutlich ein Pseudonym – habe ich nicht identifizieren können.

Lertha

Ober-Etsch

Nahe dem Eispalast auf windiger Haide geboren,
    Rausch ich stolz in das Thal wogender Saaten hinab,
Schaue daselbst ihr greisiges Haupt erheben die Veste,
    Wo der edle Stamm blühte der Fürsten des Land's.

Leonhart Wohlgemuth

Bergnacht. Vinschgau

Wie geht die nächtlich stille Reise
So lieblich hin im Mondenschein:
Die Pferde kennen ihre Gleise,
Der Postillon nickt schlummernd ein.

Die Berge steh'n wie starre Riesen
An des Jahrtausends Hünengrab,
Und werfen in die Thaleswiesen
Die langen Schatten mir herab.

Die Gemse weidet in der Kühle,
Die einsam alte Fichte lauscht,
Wie brausend an dem Wehr der Mühle
Die wilde Etsch vorüberrauscht.

In meinem Herzen schlägt es milder,
Wie es seit Jahren nimmer schlug,
Durch meine Seele halten Bilder
Der Kindheit ihren Wallfahrtszug.

Ich wiege mich so selig heiter
Im träumerischen Mondenschein –
Ach, ging' es doch so weit und weiter,
Bis in mein stilles Grab hinein!

Franz Tumler porträtiert in »Bild der Heimat« (1948) mit der für ihn typischen Langsamkeit und Gründlichkeit den Vinschgau. Er schärft in Stifterscher Manier den Blick fürs Kleine, Unscheinbare und Eigentliche, das sichtbar wird, nachdem das vordergründig Ungewöhnliche in den Hintergrund tritt. Tumlers Zugang zur Landschaft und zu den Menschen darin erfolgt über die *Oberfläche* und die Historie; eine Tendenz, die in »Aufschreibung aus Trient« (1965) und »Das Land Südtirol« (1971) besonders deutlich wird.

Franz Tumler

Bild der Heimat

Wer in die Heimat meines Vaters kommen will, muß lange im Gebirge reisen, und, wenn er nach rechtem Brauch zu Fuß geht, wird er das Entzücken der ersten Tage bald verlieren: er wird nicht mehr achten auf das Ungewöhnliche, das die Natur dem Flüchtigen hingestellt hat als ein ihn reizendes Schauspiel von Vordergründen, Felsstürzen, tiefen Schatten und brausenden Gewässern – hat sich sein Auge erst daran gewöhnt, so wird es lernen, die Dinge heimlicher anzusehen, und es wird heimliche Dinge zu sehen bekommen: breite Böden im Tal und langatmende Schwellungen, weitgedehnte Hochflächen, auf denen viele Höfe und Dörfer gebaut sind, die ihr Leben für sich haben wie eine Insel oder ein Erdteil, er wird nicht die Wasserfläche sehen, sondern die immer rinnenden Brunnen und zu ihnen treten, wie es die Menschen mit dem Vieh tun, er wird die Öde als Öde sehen, das Schauerliche als Schauerliches, und das Bewohnbare wird er mit den Wohnenden lieben und mit ihnen umgeben; ihre alltäglichen Dinge werden ihm mehr ausdrücken, wenn er rasten will oder Mahlzeit halten oder über die Nacht schlafen.

Die Eingänge der Täler sind, wo sie nach Norden auslaufen, von Deutschen bewohnt, und wo sie nach Süden offen sind, von den Italienern. Von diesen beiden Völkern sind einige Familien noch ein Stück in die Schluchten gegangen und haben dort Mühlen gebaut, oder sie sind die Anhöhen, die zu den Schluchten abfallen, emporgestiegen und haben auf ihren sanften Stellen zu wohnen angefangen; in einzelnen Höfen zuerst und dann in Weilern, zu denen später ein Kirchlein kam mit einem heiligen Bilde, das sie verehrten, und das ihnen Besuch aus fernen Gegenden herzog. Heute sind nur die Bauernhäuser geblieben, und auch auf diesen stoßen sich die Menschen nicht mehr; wo früher zwei oder drei Familien lebten, lebt nur mehr eine einzige, und die Kirchlein sind gesperrt, denn für niemanden sprechen die Bilder, und die Menschen haben mehr Ursache in die Stadt zu gehen als früher, darum gehen sie auch an den Sonntagen hinunter und hören dort die Messe, die ihnen früher ein Geistlicher bei ihren Häusern las.

[...]

Die Herden sind hier der Reichtum der Menschen. Sie besitzen sonst nichts und müssen Käse, Häute und Fleisch, wenn sie das, was sie selbst brauchen, weggenommen haben, verkaufen, um die Gegenstände ihrer anderen Bedürfnisse zu erhalten. Darum sind manche von ihnen auf den Gedanken gebracht worden, in der weiten Welt, die alles dieses hervorbringt, zu leben, und so ist es gekommen, daß ebenso viele Leute, als in den Tälern wohnen, außer Landes gegangen sind und dort verschiedene Berufe ausüben, von einem einzigen Tal sind es fünftausend Seelen. Manche auch haben in der Ferne ein Handwerk gelernt und sind mit dieser Fertigkeit wieder zurückgekehrt, so sind zu den ersten Gewohnheiten des Hirten- und Bauernlebens andere Berufe gekommen.

[...]

Viel zitiert ist »Vinschgau« (1963) von Gabriele Pidoll. Dieser Klassiker unter den Vinschgau-Texten vereint vertraute Nähe und die Faszination des Alten, Fremden und Anderen. Meer und Wind sind Sinnbild für das Ewige und das Weite, das in reizvollem Widerspruch zur Enge des Tales steht.

Gabriele Pidoll

Vinschgau

Rätisches Tal,
deine Gemarkung zieht
lässig vorüber an unzerstörbaren
Heiligtümern,
die sich von deinen
Hügeln stumm in die Augen sehn.
Die wie Schiffe
fernher von kühner Fahrt
in deinen Buchten vor Anker gehn,
Boten
aus ewigem Meer.
Und deine lautlose Brandung schlägt
an den Fuß deiner Hänge.
Im Schutt
erglänzt der Schiefer.
Aus grauen Spiegeln
sieht dein Himmel dich sinnend an.
Über dem jungen
Fluß erheben die Häupter
greiser Gebirge den Scheitel,
und der Wind
ohne Anfang und Ende
durchschauert dich.

Ein hartes t verstärkt die Wucht des Tales in »Vintschgau« (1980) von Luis Stefan Stecher, der damit bewußt gegen die offizielle Schreibweise verstößt. Die Stellung der Satzglieder erzeugt Andacht und Getragenheit.

Luis Stefan Stecher

Vintschgau

Nie
ließ mich
vergessen der Glanz
ferner Inseln
die Wurzel,
Tal meiner Kindheit,
dein
Licht.

Seitens der (zeitgenössischen) Mundartdichtung steuern Wilhelmine Habicher und Adalbert Köllemann zwei Gedichte zu diesem Kapitel bei: »In Vinschgau« (1989) und »Vinschger« (1976).

Wilhelmine Habicher

In Vinschgau

In Vinschgau ischs schtail,
in Vinschgau ischs truckn;
ma muaß recht viil wassrn,
ma muaßsi viil buckn.
Ischs Hai nårr schean hoach,
weart gmait jeeds schpear Grasl. –
In Vinschgau ischs truckn,
ma braucht a månchs Glasl.

In Vinschgau ischs winti,
in Vinschgau ischs »rauh«,
drum isch a in Vinschgau
dr Himml maischt blau.

Blick über Glurns um 1900.

In Tool raift viil Oubas,
int Waingart di Waimr.
Köscht', Palabir' unt Marilln!
Bin gånz gwiiß koa Raimr.

Drum kimm lai in Vinschgau
unt sell nu grood gschwint!
Es gibb nit lai Rean,
es gibb nit lai Wint.
Du siichsch schäane Gletschr,
es lockt jede Ålm –
unt kimmscht du nårr öftr,
weartsdr ållm bessr gfålln.

Adalbert Köllemann

Vinschger

Geaht's dir ah so,
wenn in Vinschgen
inni schaugsch,
gspürsch,
wia tiaf
deine Wurzlen schlagn
in dem stoanign Bodn.
Wia a Larch
af der Leitn,
wenn aus kantige Gsichter
a Stückl
von dir selber
außerschaug,
nar gspürsch,
du bisch wer,
ah wenn
nicht bisch.

Franz Gert Gunsch ist 1910 in Schluderns geboren und seit 1923 in Innsbruck ansässig. 1990 ist sein Gedichtband »Vinschgau« erschienen. Darin ist auch das »Vinschgauer Heimatlied« abgedruckt. Pathos und Heimattümelei gipfeln in der letzten Zeile, die schlichtweg deplaziert ist.

Franz Gert Gunsch

Vinschgauer Heimatlied

Mein Vinschgau, du teure Heimat,
wie bist du wunderschön.
Stolze Burgen, dunkle Wälder,
Wiesenpracht und blaue Seen.
Die Etsch durchfließt so still das Tal,
das tausendfach erblüht;
o sei gegrüßt vieltausendmal,
mein Heimatland im Süd!

Der König Ortler kann mit Stolz
und Majestät bestehn.
Den Anblick keiner mehr vergißt,
der jemals ihn gesehn.
Im Oberland ein Städtchen klein,
von Mauern eng begrenzt;
in seinem Wappen schlicht und rein
der rote Adler glänzt.

Die Männer sind, die Frauen auch,
von Heimatliebe voll.
Sie halten, wie es Ahnenbrauch,
treu zu Südtirol.
Drum laßt uns all' zusammenstehn,
im Süden und im Nord,
denn Vinschgau soll niemals vergehn,
soll bleiben deutscher Hort.

Norbert C. Kaser, Supplent für Deutsch an der Laaser Mittelschule, teilt am 23. Oktober 1967 in einem Brief an Dieter Nicolussi-Leck seine Schulerfahrungen mit.

Norbert C. Kaser

Mein lieber Dieter!

[...] Eines allerdings ist furchtbar, nicht die Vinschger selber (überhaupt kann ich nicht verstehen, warum wir Pustrer ihnen gegenüber solche Vorurteile haben, hegen und pflegen), sondern die Rechtschreibung. Von Kasuslehre ist keine Spur da; ich steige auf den Dach, wäre noch leicht. Meine Gitschen sind gar nicht so dumm, einige sind allerdings stinkfaul. Die Zweitlerinnen sind mir persönlich unterstellt und haben mich persönlich sogar ganz gern. Allerdings sind ein paar freche Wanzen darunter, die man am liebsten alle Viertelstund hinauswerfen möchte. Die Drittlerinnen sind schweigsam und fleißig und großteils dumm. Zum Unterrichten gibt es genug: Deutsch ist ihnen Fremdsprache, Gedichte werden mehr als geleiert. [...]

Der Protagonist in Joseph Zoderers Roman »Das Glück beim Händewaschen« (1976, 1982 verfilmt) kommt optionsgeschädigt über Graz und die Schweiz nach Meran zurück. Durch das Münstertal fährt er – laut Paß ist er Italiener – *heim,* in den *Süden,* der für ihn im oberen Vinschgau beginnt. Zoderer ist 1935 in Meran geboren, er war in Wien und Bozen als Journalist tätig und lebt heute als freier Schriftsteller in Terenten im Pustertal.

Vinschgauwärts: Der Titel dieses Buches gilt in besonderer Weise für den folgenden Ausschnitt.

Joseph Zoderer

Das Glück beim Händewaschen

[...]
Jetzt fahre ich dorthin, dachte ich, wo ich geboren bin. Ich versuchte an all das zu denken, was der Vater von jenem Land erzählte, wie oft er davon gesprochen hatte, daß er nichts wie zurück wolle.

Warum jenes Land wichtig wurde durch Tattas Reden. Ich komme allen zuvor, dachte ich. Früher als er bin ich »drinnen«. Wir sagten immer »drinnen« oder »hinterm Brenner«. Aber ich spürte nicht, daß ich »zurückkehrte«. Ich dachte an die Matratze, auf der ich zuletzt in diesem Land gelegen hatte, und neugierig war ich, ohne zu wissen auf was.

An der Grenze in Müstair sah ich das völlig fremde Land: Uniformierte mit schlampigen Robin Hood-Mützen, Polizisten mit dreieckigen Hüten und einem rot-blauen Wedel über der Stirn, Soldaten mit Wickelgamaschen, wie in einem französischen Gefangenenfilm.

Dann, zum erstenmal, passierte es: Ich hatte einen italienischen Paß, und man sprach mit mir italienisch. Ich zeigte hilflos grinsend die Zähne. Auch was ich auf deutsch sagte, war lächerlich und gestottert. Ich hatte ein schlechtes Gewissen, nickte und sagte Ja und wollte am liebsten wie vor der Gipsstatue ehrfürchtig strammstehen. Mit dem neuen Paß wurde alles falsch. Aber der Paß war in Ordnung. Es machte nichts, daß ich deshalb stotterte. Ich durfte nach Italien, auch wenn ich nicht dazugehörte. Ich war weder Österreicher noch Schweizer und auf gar keinen Fall Italiener.

Bauern vor den Mauern ihrer Häuser oder anderer Häuser. Oder Knechte. Das graue rissige Gemäuer. Die Innenhöfe. Torbögen zu Innenhöfen. Mauern wie Festungsmauern. Gassen mit Sand und Heublumen über dem Kopfsteinpflaster. Die weiten Wiesen gleich hinter der Grenze. Nichts, wie ich es mir vorgestellt hatte. Und doch alles wie erraten. Wie schon gewußt. Glurns. Ich las auch Glorenza. Durch ein Tor fuhren wir mitten in den Ort und durch den Ort hindurch, zwischen Hühnern, Schafen, Mauern und Hunden. Mittelalterlich die Geschlossenheit, die Verlassenheit am Nachmittag. Keine Fremdheit mehr. Obwohl alles anders war. Die breitdächrigen Häuser. Alles wie im Verfall und doch stark noch im Schlaf. Wie von der Sonne ausgebrütet. Nichts Gelecktes. Keine polierten Stiegen. Wege, Steine, Stufen, alles von vielhundertjährigen Füßen getreten und ausgetreten. Vom Regenwasser geschwemmt, von Dreck gelaugt, vom Wind sauber gefegt.

Ich schaute und schaute, weiß nicht, woran ich es gemerkt haben könnte, daß ich damals den Unterschied spürte zu allem, was ich bis dahin gesehen hatte. So daß mir für später in Erinnerung blieb: Ich fuhr über die Grenze, zum erstenmal in den Süden. Der obere Vinschgau, wo die Berghänge seitlich des ausgebreiteten Tales karstig und kahl sind. Wo durch die Sumpfweiden in der Talsohle und über die scharfgrasige Heide der kalte Wind pfeift. Ich bildete mir ein, hier den Süden zu sehen. Und der Süden war: mehr Helle, weniger Härte, Weinfässer mit offenem Spunt in den Innenhöfen. Obwohl ich keines durch das Fensterglas des Autobusses sah. Nicht in Glurns, Mals, Schlanders oder in Naturns. Es wurde wärmer, je näher wir Meran kamen. Plötzlich wünschte ich mir, daß hier Graz wäre, hier in diesem Lande, wo mir die Pluderhosen im Waalwasser vor dem Friedhof ausgewaschen worden waren.

[...]

»Vinschgau« (1994) von Georg Paulmichl verknüpft lokale Aktualitäten, Alltag und Subjektives zu dem für ihn typischen Fleckliteppich.

Georg Paulmichl

Vinschgau

Der Vinschgau ist rundherum wunderbar.
Uralte Volksgattungen gaben dem Tal früher einen Traditionswert.
Arme Bauern suchten auf den Ackerböden nach Nährwerten.
Die Vinschgauer Wirtschaft wird heutzutage noch gesteuert.
Der Bauernstand und die Handwerker übergeben sich mit wuchtigen
                                                                              Geldzahlungen.
Die Anpflanzungen sind nicht mehr zu bremsen.
Die Dörfer werden nach einschlägigen Beschlüssen regiert.
Die Bürgermeister dirigieren die Entwicklungsstufen.
Prachtvolle Vereinshäuser heben die Volkskultur auf ihren Stand.
Talschaftsbeamte geben in Sitzungen ihre Wertschätze preis.
Im Nationalpark werden Platzhirsche zur Strecke geführt.
Luftkurorte bereichern den Atmungseffekt.
Radio Vinschgau läßt die Hörquoten staunen.
Der Wind pfeift aus allen Nähten durchs Tal.
Im Windschatten halten die Dörfer das Gleichgewicht.
Die Pfarrer entziehen fremden Religionen den
                                                                             Verkündigungsausweis.
Gebirgsketten rasseln über die Talmachenschaften.
Auf den Vinschgauer Straßen hinterlassen die Lenkmanöver Spuren.

Reinhilde Feichters Erstling spielt im Vinschgau. Der Hauptschauplatz ist ein Dorf namens Grasbichl, dort wohnen Herr und Frau Gander, die Eltern der Protagonistin. Aufgrund dieses in Prad häufigen Familiennamens könnte ebendieses Dorf mit Grasbichl gemeint sein. Die Nebenschauplätze sind Schlanders, Glurns, Burgeis, Meran und Bozen. Feichter ist 1955 geboren, sie ist Lehrerin und lebt in ihrer Geburtsstadt Bruneck. 1993 ist sie mit ihrer Erzählung »Die Litanei« als Schriftstellerin an die Öffentlichkeit getreten. Sie erzählt darin die Geschichte eines Mädchens, das zu Beginn der sechziger Jahre geboren ist und sich innerhalb der engen Dorfwelt zu emanzipieren versucht. Wichtig sind für sie Musik und Klänge: Litaneien, die Melodien der *Vinschger Buam* und Schallplatten bringen ihren jungen Körper zum Schwingen, das heimliche Flötenspiel in der Badewanne im Mädcheninternat ist die Vorstufe zu ausgelassenem Tanzen, das zum Rausschmiß aus dem Internat führt und gleichzeitig die (universelle) Befreiung bedeutet.

Reinhilde Feichter

Die Litanei

[...]

Mit dem Einseifen und Abwaschen war sie in fünf Minuten fertig. Die übrige Zeit ließ sie sich »aufweichen«, nahm das Instrument und versuchte, das Lied nachzuspielen, das die fidelen Vinschger Buam auf dem Ball gespielt hatten. Den Titel wußte sie nicht. Jedenfalls war es kein Volksmusikstück wie viele andere gewesen, sondern etwas ganz Besonderes, Eigenartiges, zu dem ein Klavier noch besser gepaßt hätte. Den Teil des Liedes, der ihr aus dem Gedächtnis entflohen war, erfand sie neu. Während des Spielens wickelte sie das Badetuch als Schalldämpfer um Arme und Flöte, so daß kein Ton nach draußen dringen konnte.

Die Musik folgte den Fliesen, prallte an ihnen ab, drehte elliptische Fäden in der Mitte des Raumes und ging mit dem Wasser eine eigenartige Verbindung ein. Sie spielte sehr leise, was der Melodie eine klagende Note verlieh, achtete dabei aber auf die Geräusche außerhalb des Bades. Die Flötentöne flogen leise umher, nichts war da, was sie aufgesaugt hätte, außer dem Handtuch. So hüpften sie beinahe frech vom Spiegel zum Waschbecken und von der glatten Wand zur Wanne. Sie bewegte die Zehen auf und ab und plätscherte mit ihnen einen Rhythmus dazu. Die Seife roch nach Maiglöckchen, und die Fliesen waren himmelblau. Ein Zufluchtsort, knapp fünf Quadratmeter groß. Fast war sie glücklich.

Nur die Angst saß wie ein Zwilling neben ihr in der Wanne. Musikinstrumente im Badezimmer waren verboten, das wußte sie im vor hinein und brauchte gar nicht danach zu fragen. Sie mußte vorsichtig sein.

[...]

Kuno Seyr hat 1993 ein recht eigenartiges Gedicht veröffentlicht. »Vinschgau fast übertrieben« ist eine geballte Ladung ironischer Anspielungen und trotzdem zärtlich. Seyr ist 1938 in Meran geboren, er ist Schriftsteller, Journalist und Schauspieler.

Kuno Seyr

Vinschgau fast übertrieben

auch für M. C.

Dieses Tal ist so breit
wie ein kleiner Kontinent
und von einem
Ende zum anderen
umspannt es fast
den halben Erdkreis.
Hier gelingt alles.
An kommst Du gewiß,
doch die Rückkehr
schiebst Du hinaus,
tage- und nächtelang,
um dich satt zu sehen
am dunklen Violett
seiner Hänge.
Früh kommen die Schatten hier,
und sie treffen Dich scharf.
Man schenkt Dir zum Abschied
noch schnell einen Traum,
blendend und weiß
wie Marmor:

Deine alte Wunde!
O wonniger Schmerz
der Wiedergeburt
aus Geist und Wahrheit.
Dieses Tal ist so gut
wie eine Mutter
oder der ganze Himmel.

Die Etsch: Ader durch die Landschaft.

»etschbiß« (1994) von Thomas Kling ist ein quirliges, melodisches Ding, das gerne diese Anthologie abschließen darf zum Zeichen der überbordenden Vielfalt, zu der ein literarisch so unscheinbares Tal inspirieren kann. Dieses Gedicht zeugt von der ständigen und zukünftigen literarischen Aktualität des Vinschgaus, er fügt sich ein in das bunte Mosaik einer Literaturgeographie, in der die verschiedensten Stile, Formen, Zeiten und Meinungen – nicht reizlos! – aufeinanderprallen. Es schließt sich unser Gang durch den Vinschgau, der uns ein Seismograph fast zweier Jahrhunderte deutschsprachiger Literaturgeschichte war.

Thomas Kling

etschbiß

über di ufer. ein über-di-
ufer!, ein riß, art riß, rei-
ßender scheinriß der sich auftut!
ein auftretn, zu–, herzutretn und
stimmigmachn, nach und nach, der
bänder, stimmbänder: dieser tapes,
dieser tapes-im-clinch; vinsch-,
vintschgau-tapes, überein-, über-
einstimmende, letztlich, bänder.
bis an di etsch bin ich gedrungn,
veneterschuh. vor, bis an den kehl-
kopf: dinge auf den zungn, etsch-
zahn im gebiß. das mahlen, untn,
scheinbar der steine; di gebiß-
reihen von das gebirge von di
gebirgszüge. riskante, dennoch
gezügelte augn, tieräugn. ein
züngelndes, grün, ein über-di-ufer.

(für Oswald Egger)

Bibliographie oder
Die Literaturgeographie des Vinschgaus

Ich habe insgesamt 174 deutschsprachige fiktionale Texte gefunden, die im Vinschgau »beheimatet« sind. 129 von diesen lassen sich topographisch an ganz bestimmten Orten im Vinschgau lokalisieren, 27 beziehen sich auf den Vinschgau allgemein, und 18 lassen sich ausschließlich aufgrund ihres Inhalts oder ihres Themas im Vinschgau lokalisieren. Die eine Hälfte in etwa sind erzählende Texte, die andere Gedichte. Ein kleiner Teil sind dialogische Texte.

Ungefähr ein Drittel des gefundenen Textmaterials ist in die vorliegende Anthologie aufgenommen.

14 Autorinnen und 64 Autoren haben die 174 Vinschgau-Texte verfaßt. Etwa ein Drittel der Autoren stammt aus dem Vinschgau, die anderen zwei Drittel stammen von außerhalb.

Aufgelistet ist ferner eine Auswahl von Gebietsführern zum Vinschgau, die gelegentlich auch essayistische und literarische Züge aufweisen.

Die 129 topographisch lokalisierbaren Vinschgau-Texte ergeben die Karte zur Literaturgeographie des Vinschgaus (auf der Innenseite des hinteren Buchdeckels). Jedem einzelnen Text ist ein Punkt auf der Karte zugeordnet.

Die Karte zeigt, daß die literarische Produktion bestimmte Gebiete innerhalb des Vinschgaus bevorzugt und auszeichnet und von anderen, nicht relevanten, abgrenzt. Ein Bereich mit hoher Textdichte zieht sich vom obersten Vinschgau bis ins Ortlergebiet. Der wirtschaftlich und politisch stärkere Untervinschgau ist für die Literatur weniger bedeutend. Stark präsent sind Glurns und das Ortlergebiet, besonders die Dörfer Stilfs und Sulden und der Ortler selbst.

Auch Laas und seine Umgebung weisen eine hohe Textdichte auf. Laas ist einerseits durch seinen weißen Marmor zu internationalen Ehren gekommen, andererseits ist Laas jenes reale und literarische Dorf, an dem sich Franz Tumler »emporgeschrieben« hat.

Die Karte zeigt ferner, daß sich die Literaturgeographie im wesentlichen mit der Besiedlungsgeographie deckt: Die Texte sind dort angesiedelt, wo Menschen leben.

Interessant ist auch die Tatsache, daß es so gut wie keine Vinschgau-Texte gibt, die in der ersten Hälfte des 19. Jahrhunderts oder früher entstanden sind. Die Gründe dafür sind wohl in größeren kultur- und literaturhistorischen Zusammenhängen zu finden.

Die Romantik prägt ein neues (literarisches) Landschafts- und Raumbewußtsein. Die *Natur* wird zur reflektierten *Landschaft,* der Mensch entfremdet sich der Natur, er wird aus ihr herausgenommen, so daß er sie nun als ein Fremder beobachten kann. Ein schönes Beispiel sind die Alpen: Nachdem sie jahrhundertelang dem unfreiwilligen Besucher Furcht und Schrecken eingeflößt haben, werden sie nun Stück um Stück erschlossen und zum absoluten Schönheitsideal erhoben. Damit verbunden ist auch das Klischee vom kirnigen Älpler, dessen Patriotismus sich beim Anblick »seiner« Berge entfacht. Der Baseler Soziologe Lucius Burkhardt hat sich eingehend mit diesen Mechanismen beschäftigt.

Eine logische Folge des romantischen Naturbegriffs waren der Alpinismus mit seinen zahlreichen Erstbesteigungen und der frühe Nobeltourismus. Und die Tatsache, daß es ab den Vierzigern des vorigen Jahrhunderts sehr viel Reiseliteratur und Gebietsführer zum Vinschgau gibt, die Produktion von fiktionalen Texten und die touristische Erschließung aber erst zwei, drei Jahrzehnte später einsetzt, ist eine sicher nicht zufällige, sondern wohl typische Abfolge, die für viele Gebiete des Alpenraums gilt. Die literarische Darstellung Merans etwa setzt um 1850 ein, kurz nachdem Meran als Kurstadt bekannt geworden war. Ferruccio Delle Cave und Bertrand Huber haben dies in ihrer Anthologie »Meran im Blickfeld deutscher Literatur« (zweite Auflage 1989) dargestellt.

Das wichtigste Tourismusgebiet des Vinschgaus sind das Sulden- und das Trafoital. Die als strategische Verbindung in die bis 1859 österreichische Lombardei konzipierte und in den Jahren 1819–1825 erbaute Straße über das Stilfser Joch sowie der 3.905 Meter hohe Ortler, höchster Berg im ehemaligen Österreich-Ungarn, machten das Gebiet international bekannt.

Die Mondänität des Ortlergebietes war natürlich die Ausnahme. Insgesamt war und ist der Vinschgau ein wenig beachtetes Anhängsel von Tirol bzw. Südtirol. Das 18. und 19. Jahrhundert haben den Vinschgau als »Armenhaus Tirols« etikettiert; heute ist er zum sogenannten strukturschwachen Gebiet erklärt und wird mit vielstelligen EU-Beiträgen aufgepäppelt.

Als Durchzugsland war der Vinschgau – im Gegensatz zum 125 Meter tiefer gelegenen Brennerpaß auch der »Obere Weg« genannt – nie so attraktiv wie das Eisacktal mit dem Brenner, eine Route, die spätestens seit Goethes Italienreisen die *Direttissima* in den Süden war. Die Literaturgeographie des Eisacktals und der Städte Sterzing, Brixen, Bozen und Meran kann daher mit viel größeren Namen aufwarten als der Vinschgau: Goethe, Heine, Rilke, Schnitzler, die Gebrüder Mann, Kafka und Benn, um einige wichtige zu nennen. Am literarischen Vinschgau-Bild mitgeschrieben haben diese nicht.

Nichtsdestotrotz: Auch eine Vinschgau-Anthologie läßt sich schreiben!

Topographisch lokalisierbare Vinschgau-Texte

Die Form der folgenden Bibliographie ist unüblich. Sie folgt keiner alphabetischen Reihung, sondern ordnet die Texte nach Orten, wobei der *Weg* der Bibliographie dem *Weg* der Anthologie folgt. Innerhalb der Orte sind die Texte chronologisch geordnet.

Die numerierten Punkte ordnen den fiktionalen Text-Raum seiner realgeographischen Entsprechung zu. Freilich ist es problematisch, die oft ausufernde Text-Welt punktuell zu lokalisieren. Der Punkt ist dann als ein ungefähres Zentrum zu sehen.

Kursiv gesetzte Quellenangaben deuten darauf hin, daß der Text ganz oder teilweise in diese Anthologie aufgenommen worden ist.

Reschenpaß

① Kuhn, Heinrich: Baller wird staunen. Typoskript 1993.

Graun und Umgebung

② *Greinz, Rudolf: 's Herzblattel. In: ders.: Rund um den Kirchturm. Leipzig: Staackmann 1917, S. 97–113. Hier: gekürzt.*

③ Matscher, Hans: Der Süppler. In: ders.: Im Paradeisgartl. Bozen: Ferrari [1928], S. 145–179.

④ Pircher, Johann: ... und übrig blieb der Turm. Typoskript 1987.

⑤ Habicher, Wilhelmine: Valliertegg. In: dies.: Dr Vinschger Flecklteppich. Dorf Tirol: Verlag Südtiroler Autoren 1989, S. 46.

⑥ Mall, Sepp: Undeutliche Landschaft. In: Gruber, Alfred (Hg.): Nachrichten aus Südtirol. Zürich, New York: Olms 1990, S. 207–209.

⑦ Gunsch, Franz: Im obersten Vinschgau. In: ders.: Vinschgau. Innsbruck: o. V. [1990], S. 19.

⑧ *Mall, Sepp: Verwachsene Wege. Innsbruck: Haymon 1993. Hier: S. 5–8, 29–30, 31–32.*

⑨ *Patscheider Bernhart, Elsa: Olt-Graunr Gschichtn. 2 Bände. Dorf Tirol: Verlag Südtiroler Autoren 1992–1995. Hier: S Schworza Trinali. Bd. 1, S. 112–113; Di Sääschtauchung. Bd. 2, S. 46–49 (gekürzt); Di Toata wäarn ausgroubm. Bd. 2, S. 97–98 (gekürzt).*

Langtaufers

⑩ Weber, Beda: Am Feste des heiligen Martinus zu Langtaufers am Fuße der Oetzthaler Gletscher. 1825. In: ders.: Predigten ans Tiroler Volk. Frankfurt am Main: Sauerländer 1851, S. 353–368.

⑪ Matscher, Hans: Der neue Doktor. In: ders.: Im Paradeisgartl. Bozen: Ferrari [1928], S. 114–127.

(12) *Maurer, Maria Luise: Joana. Eine Liebesgeschichte aus dem Langtauferer Tal. In: dies.: Erzählungen aus Südtirol. Calliano: Manfrini o. J. S. 31–39. Hier: gekürzt.*

(13) *Habicher, Wilhelmine: Zaitloasn in Langtaufers. In: dies.: Dr Vinschger Flecklteppich. Dorf Tirol: Verlag Südtiroler Autoren 1989, S. 48.*

(14) Gunsch, Franz: Der Karlinbach. In: ders.: Vinschgau. Innsbruck: o. V. [1990], S. 15–17.

(15) *Blaas Telser, Genoveva: Zeitloasn in Longtaufrs. In: dies.: Novembrrousn. [Laatsch: Selbstverlag 1995], S. 105.*

St. Valentin auf der Haide und Umgebung

(16) Zingerle, Pius: Am Haidersee. In: ders.: Gedichte. Innsbruck: Wagner 1843, S. 17.

(17) Köllemann, Adalbert: Af d' Hoad. In: ders.: ... und die Uhr schlagg die Zeit. Wels: Welsermühl 1976, S. 30.

(18) Rech, Ernst: Plawénn. In: ders.: Der Sonnenreigen. Bozen: Athesia 1979, S. 54.

(19) *Dick, Uwe: Drillichgesang für M+A+D und für die Edlen von Plawenn. In: ders.: Das Echo des Fundamentschritts. München: Heyne 1981, S. 140–143. Hier: gekürzt.*

(20) *Waldner, Hansjörg: Die Schönheit des Staudamms. In: Begegnungen. Engelsberg 84. Incontri. Arunda 15, 1984, [Nummer nicht paginiert].*

(21) Waldner, Hansjörg: Ein (mein) Traum: In: Sturzflüge 26, 1989, S. 50.

(22) Gunsch, Franz: Vom Sackerle. In: ders.: Vinschgau. Innsbruck: o. V. 1990, S. 21–23.

(23) *Waldner, Hansjörg: Stilleben: still eben. In: Freiheit und Glück. Festschrift für Otto Saurer zum 50. Geburtstag. Hgg. von Günther Andergassen u. Walter Paris. Meran: Alfred & Söhne 1993, S. 316–317.*

Planeil

(24) Rech, Ernst: Planóal. In: ders.: Der Sonnenreigen. Bozen: Athesia 1979, S. 53.

Kloster Marienberg

(25) Paulmichl, Georg: Kloster Marienberg. In: ders.: Ins Leben gestemmt. Innsbruck: Haymon 1994, S. 30.

Schlinig

(26) *Weber, Beda: Am Feste des heiligen Antonius des Einsiedlers zu Schlinig an der Gränze von Engedein. 1826. In: ders.: Predigten ans Tiroler Volk. Frankfurt am Main: Sauerländer 1851, S. 267–283. Hier: S. 269–270.*

(27) Vanzo, Günther: Schlinig. In: Inn 30, 1993, S. 104–106.

Laatsch

(28) Blaas Telser, Genoveva: Sonkt Leanrt. In: dies.: Novembrrousn. [Laatsch: Selbstverlag 1995], S. 58.

Mals

(29) *Matscher, Hans: Auf'm Stellwagen. In: ders.: Der Ortlerblick und andere Erzählungen aus dem Etschlande. Weimar: Duncker [1937], S. 116–124. Hier: gekürzt.*

(30) Köllemann, Adalbert: Gallimarkt. In: ders.: Voarn Brenner hintern Reschen. O. O.: [Selbstverlag 1982], S. 20–21.

(31) Habicher, Wilhelmine: Sankt Benedikt. In: dies.: Dr Vinschger Fleckelteppich. Dorf Tirol: Verlag Südtiroler Autoren 1989, S. 94.

(32) Feichtinger, Josef: Audienz bei Claudia. Ein Festspiel in einem Akt. Typoskript 1992.

(33) Thoma, Ernst: Der Lotsch. Ein Malser im Franzosenrock. Typoskript 1994.

(34) Thoma, Ernst: Der Lugenlandtag. Typoskript 1996.

Tartscher Bühl

(35) Anzoletti, Patriz: Die Sage vom Tartscherbühl. In: Mayr, Ambros (Hg.): Tiroler Dichterbuch. Innsbruck: Wagner 1888, S. 110.

Churburg

(36) Rachewiltz, Siegfried de: Curberch 1259. In: Neue Literatur aus Südtirol. Hgg. von der Südtiroler Hochschülerschaft. Bozen: o. V. 1970, S. 194.

(37) Tumler, Franz: Churburg. In: Literatur und Kritik 133, 1979, S. 153.

(38) Gunsch, Franz: Die Churburg. In: ders.: Vinschgau. Innsbruck: o. V. [1990], S. 31.

(39) Bodini, Gianni: Märchen aus der Churburg. Lana: Tappeiner 1994.

Matsch

(40) Matscher, Hans: Der Ortlerblick. In.: ders.: Der Ortlerblick und andere Erzählungen aus dem Etschlande. Weimar: Duncker [1937], S. 5–14.

(41) *Paulmichl, Georg: Matsch. In: ders.: strammgefegt. Prad: o. V. [1987], S. 66.*

(42) Habicher, Wilhelmine: Die Vögte von Matsch. In: dies.: Dr Vinschger Fleckelteppich. Dorf Tirol: Verlag Südtiroler Autoren 1989, S. 90.

Glurns

(43) *Greinz, Rudolf: Das stille Nest. Leipzig: Staackmann 1913. Hier: S. 5–6, 126–130, 306–311, 314–315, 316–320.*

44 Flora, Paul: Autobiographische Einleitung. In: ders.: ein schloß für ein zierhuhn. 2. Aufl. Innsbruck, Wien, München: Tyrolia 1965, S. 5–19. Hier: S. 5–8 (gekürzt), 17–19 (gekürzt).

45 Köllemann, Adalbert: Glurns. In: ders.: ... und die Uhr schlagg die Zeit. Wels: Welsermühl 1976, S. 31.

46 Laner, Jul Bruno: Der Glurnser Mäuseprozeß. Typoskript 1979.

47 Oberkofler, Elmar: Glurns. In: ders.: Wegbegleiter. Brixen: Weger 1988, S. 34.

48 *Kaser, Norbert C.: glurns. In: ders.: Gesammelte Werke. Bd. 2. Innsbruck: Haymon 1989, S. 89.*

49 Habicher, Wilhelmine: Seealamarkt isch in Glurns. In: dies.: Dr Vinschger Fleckllteppich. Dorf Tirol: Verlag Südtiroler Autoren 1989, S. 42.

50 Paulmichl, Georg: Allerseelenmarkt. In: ders.: Verkürzte Landschaft. Innsbruck: Haymon 1990, S. 80.

51 Tappeiner, Alois: Der Seelenmarkt. In: Der Vinschger 22, 1995, S. 16.

52 Winkler, Robert: Liebliches Glurns. In: Laubenfest in Glurns. [Programmheft 1996], S. 7.

53 Anstein, Christof: Die große Mäuseplage. Typoskript 1996.

54 Torggler, Joseph: Glurns. In: ders.: Im Dämmer zerbrechender Sterne. Bozen: Pierrette 1997, S. 40.

Münstertal

55 Rubatscher, Maria Veronika: Kranebitt und Donnerbuschen. In: Reimmichls Volkskalender 1952, S. 89-93.

56 Rachewiltz, Siegfried de: Herren von Taufers. In: Neue Südtiroler Literatur. Hgg. von der Südtiroler Hochschülerschaft. Bozen: o. V. 1970, S. 192.

Lichtenberg

57 Paulmichl, Georg: Lichtenberg. In: ders.: strammgefegt. Prad: o. V. [1987], S. 68.

Prad

58 Paulmichl, Georg: Der große Herrgott von Agums. In: ders.: Verkürzte Landschaft. Innsbruck: Haymon 1990, S. 74.

59 Paulmichl, Leonhard: Dort unten bei den Sauriern oder: Wahre Begebenheiten als späte Einsicht. In: Freiheit und Glück. Festschrift für Otto Saurer zum 50. Geburtstag. Hgg. von Günther Andergassen und Walter Paris. Meran: Alfred & Söhne 1993, S. 230–235.

60 Paulmichl, Georg: Heimatdorf. In: ders.: Ins Leben gestemmt. Innsbruck: Haymon 1994, S. 70.

(61) Kumpfmüller, Michael: Die Wundersüchtigen. Über eine Wallfahrt nach Norditalien und das gottesfürchtige Leben der Maria T. In: Neue Zürcher Zeitung, Folio Dezember 1996, S. 11–18.

Ortler

(62) *Senn, Johann Chrysostomus: Der rothe Tiroler Adler. In: ders.: Gedichte. Innsbruck: Wagner 1838, S. 114–115.*

(63) *Ebert, Karl Egon: Die Bergfrau vom Ortles. In: Zingerle, Ignaz Vinzenz: Tirol. Innsbruck: Wagner 1852, S. 208–210.*

(64) Pe: Gletscher-Fernsicht. Ortler. In: Zingerle, Ignaz Vinzenz: Tirol. Innsbruck: Wagner 1852, S. 210.

(65) *Hörmann, Angelika von: Ortles. In: dies.: Grüße aus Tirol. Gera: Amthor 1869, S. 12.*

(66) *Pichler, Adolf: Am Orteles. In: ders.: Marksteine. Leipzig: Meyer 1898, S. 60–61.*

(67) *Hell, Bodo: Hochjoch. In: ders.: Dom Mischabel Hochjoch. Linz: edition neue texte 1977, S. 43–99. Hier: S. 46, 49–50, 51–52, 56–57, 70–71.*

(68) *Gruber, Alfred: Andreas Hofer. In: Feichtinger, Josef: Tirol 1809 in der Literatur. Bozen: Athesia 1984, S. 467.*

(69) *Paulmichl, Georg: Ortler. In: ders.: Ins Leben gestemmt. Innsbruck: Haymon 1994, S. 72.*

(70) Kling, Thomas: rotor. In: ders. u. Ute Langkanky: wände machn. Münster: Kleinheinrich 1994, S. 60.

(71) *Blaas, Franz: Omas kleine Erde. Linz: Grosser 1995. Hier: S. 35–38 (gekürzt).*

Stilfs

(72) Bernhard, Thomas: Midland in Stilfs. Frankfurt am Main: Suhrkamp 1971. In: ders.: Midland in Stilfs, S. 5–36.

(73) *Rosendorfer, Herbert: Ballmanns Leiden oder Lehrbuch für Konkursrecht. München: Nymphenburger 1981. Hier: S. 149–153, 236–238, 239–241. – Mit freundlicher Genehmigung des Autors Herbert Rosendorfer und der Nymphenburger Verlagsanstalt, München.*

(74) *Paulmichl, Ludwig: Sätze und Absätze aus der Prosa »Stilfs«. In: Literatur in Südtirol. Arunda 14, 1983, S. 35–39. Hier: gekürzt.*

(74b) *Zanzotto, Andrea: Orms Hontwerk; Schpinnarinnan. In: ders.: Lichtbrechung. Ausgewählte Gedichte. Italienisch/Deutsch. Übersetzung von Donatella Capaldi, Ludwig Paulmichl und Peter Waterhouse. Wien, Graz: Droschl 1987, S. 205–209 (gekürzt), 211.*

(75) *Habicher, Wilhelmine: Stilfs im Vinschgau. In: dies.: Dr Vinschger Fleckllteppich. Dorf Tirol: Verlag Südtiroler Autoren 1989, S. 41.*

(76) Vanzo, Günther: Das Stilfser Loch. In: Distel 50, 1992, S. 60–63.

(77) *Paulmichl, Georg: Stilfs. In: ders.: Ins Leben gestemmt. Innsbruck: Haymon 1994, S. 71.*

Trafoi und Stilfser Joch

(78) Weber, Beda: Vor Wallfahrtern in Trefoy, hart am Ortler an der Straße über das Stilfser Joch, im einsamen Marienkirchlein. 1828. In: ders.: Predigten ans Tiroler Volk. Frankfurt am Main: Sauerländer 1851, S. 71–84.

(79) *Zweig, Stefan: Stilfserjoch-Straße. In: Berliner Tagblatt vom 31.8.1905. Hier zitiert nach: ders.: Auf Reisen. Frankfurt am Main: Fischer Taschenbuch Verlag 1993, S. 65–69 (gekürzt).*

(80) *Plant, Fridolin: Hoch Trafoi! In: ders.: Reise-Führer durch Vinschgau und dessen Seitentäler. Meran: Plant 1907, S. 75–76.*

(81) Röck, Christian: Das Fähnlein von Trafoi. Leipzig: Hase & Köhler 1937.

(82) Paulmichl, Georg: Wallfahrt zu den heiligen drei Brunnen. In: ders.: strammgefegt. Prad: o. V. [1987], S. 45.

Suldental

(83) Plant, Fridolin: Das Suldental. In: ders.: Reise-Führer durch Vinschgau und dessen Seitentäler. Meran: Plant 1907, S. 79–80.

(84) Bernhard, Thomas: Am Ortler. Nachricht aus Gomagoi. In: ders.: Midland in Stilfs. Frankfurt am Main: Suhrkamp 1971, S. 83–117.

(85) Bernhard, Thomas: Entdeckung. In: ders.: Der Stimmenimitator. Frankfurt am Main: Suhrkamp 1978, S. 72–73.

(86) Thomas Bernhard: Nahe Sulden. In: ders.: Der Stimmenimitator. Frankfurt am Main: Suhrkamp 1978, S. 162–163.

(87) Maurer, Maria Luise: Wenn der Berg zum Schicksal wird. In: dies.: Erzählungen aus Südtirol. Tübingen: Tübinger Poesie Verlag 1981, S. 45–52.

(88) Rosendorfer, Herbert: Die italienische Eröffnung. In: ders.: Das Zwergenschloß und sieben andere Erzählungen. München: Nymphenburger 1982.

(89) Paulmichl, Georg: Suldenbach. In: ders.: Verkürzte Landschaft. Innsbruck: Haymon 1990, S. 15.

(90) Gunsch, Franz: Der Suldenbach. In: ders.: Vinschgau. Innsbruck: o. V. [1990], S. 37.

(91) *Lesina Debiasi, Arthur: Schiifoorn in Suldn. In: ders.: Nimms wias isch. [Naturns: Selbstverlag 1995], S. 21.*

Laas und Umgebung

(92) *Tumler, Franz: Geschichte aus Südtirol. In: Das Innere Reich. Zeitschrift für Dichtung, Kunst und deutsches Leben. 1. Halbjahresbd. 1936, S. 139–156, 342–371. Hier: S. 148–151, 153–156, 363–365, 369.*

(93) Tumler, Franz: Dorf in Südtirol. In: ders.: Landschaften des Heimgekehrten. Wien, Linz, Zürich: Pilgram 1948, S. 7–14.

(94) Tumler, Franz: Herbst im Gebirge. In: ders.: Landschaften des Heimgekehrten. Wien, Linz, Zürich: Pilgram 1948, S. 23–28.

(95) Tumler, Franz: Besuch in der alten Heimat (erstmals 1959). In: Zimmermann, Hans Dieter (Hg.): Welche Sprache ich lernte. München, Zürich: Piper 1986, S. 35–45.

(96) Tumler, Franz: Nachprüfung eines Abschieds. Frankfurt am Main: Suhrkamp 1964.

(97) Tumler, Franz: Aufschreibung aus Trient. Frankfurt am Main: Suhrkamp 1965.

(98) Tumler, Franz: Das Denkmal im Schuppen. In: Die Presse, 15.1.1977, S. 18.

(99) *Tumler, Franz: Marmorstück. In: Jahresring 1981/82. Stuttgart: Deutsche Verlagsanstalt 1981, S. 94.*

(100) *Stecher, Luis Stefan: In den Bildern meiner Kindheit. In: Literatur aus Südtirol. Arunda 13, 1983, S. 123–124.*

(101) *Kaser, Norbert C.: marmor. In: ders.: Gesammelte Werke. Bd. 1. Innsbruck: Haymon 1988, S. 346.*

(102) *Kaser, Norbert C.: Laas für Marijke. In: ders.: Gesammelte Werke. Bd. 1. Innsbruck: Haymon 1988, S. 371.*

(103) *Feichtinger, Josef: An Laas. In: Laas 1990. Wasser Wosser. [Bildkalender] Hgg. von der Raiffeisenkasse Laas Gen.m.unb.H. Laas: o. V. 1990, [Blatt 2].*

(104) *Florineth, Norbert: Im Hintergrund das Marmorgebirge. In: Jenn Marmor Gebirge. Zeichnungen von Michael Höllrigl mit Texten von Norbert Florineth und Hans Wielander. Hgg. vom Arbeitskreis Vinschgau. Lana: o. V. 1993, [keine Paginierung]. Hier: gekürzt.*

(105) *Kling, Thomas: zur krone, alla corona, laas. In: ders.' u. Ute Langanky: wände machn. Münster: Kleinheinrich 1994, S. 35.*

(106) *Waldner, Irma: Weißwasserbruch. Typoskript 1997.*

Vinschgauer Sonnenberg

(107) Tumler, Franz: Lagàr. Geschichten aus dem Vinschgau. In: Arunda 5, 1977/78, S. 56–57.

(108) *Duschek, Wolfgang: sonnenberg. Meran: [Selbstverlag 1979], [keine Paginierung]. Hier: matatsch; annaberg; deine götter.*

(109) *Innerhofer, Maridl: Afn Vintschgr Sunnaberg. In: dies.: In 5 Minutn 12. Bozen: Athesia 1981, S. 40–41.*

(110) *Köllemann, Adalbert: Vinschger Sunnaberg. In: ders.: Voarn Brenner hintern Reschn. O. O.: [Selbstverlag 1982], S. 70.*

Kortsch

(111) *Pidoll, Gabriele: Kortsch. In: dies.: Die helle Einsamkeit. Bozen: Athesia 1977, S. 10.*

Goldrain und Morter

(112) *Wassermann, Jakob: Die Pest im Vinschgau (erstmals 1911).* © by Langen Müller Verlag in der F. A. Herbig Verlagsbuchhandlung GmbH, München.

(113) Kristanell, Luis: Schloß – Burg Obermontani in Verbindung mit Untermontani. In: ders.: Ritter- und Raubritterleben der Schlösser Montani, Kastelbell, Montalban, Dornsberg und Schloß Vorst bei Meran. Schlanders: [Selbstverlag 1960], S. 3–11.

(114) Paulmichl, Georg: Bildungshaus Schloß Goldrain. In: ders.: Ins Leben gestemmt. Innsbruck: Haymon 1994, S. 46.

Martelltal

(115) *Zingerle, Ignaz Vinzenz: Der alte Stallwieser. In: ders.: Tirol. Natur, Geschichte, Sage im Spiegel deutscher Dichtung. Innsbruck: Wagner 1852, S. 211–212.*

(116) *Perkmann-Stricker, Antonia: A schians Tol – dös isch mei Huamat! In: dies.: Das Martelltal. [Martell]: o. V. 1985, S. 11.*

(117) *Florineth, Norbert: In Martell, in mein Tol. In: Perkmann-Stricker, Antonia: Das Martelltal. [Martell]: o. V. 1985, S. 252.*

St. Martin am Kofel

(118) Greinz, Rudolf: Allerseelen. Leipzig: Staackmann 1924.

Juval

(119) *Kristanell, Luis: Kunigunde auf Schloß Juval. In: ders.: Schloßgeschichten aus dem Vinschgau. Schlanders: [Selbstverlag 1960], [keine Paginierung].*

(120) Pircher, Hannes Benedetto und Georg: Adolph Lamprecht. Biographisches. München: [Privatdruck] 1993. Hier: S. 34–39.

(121) Messner, Reinhold: Vom Gestalten meiner Heimat. In: ders.: 13 Spiegel meiner Seele. München, Zürich: Piper 1994, S. 67–88. Hier: S. 75, 77–79, 83–84, 86–88 (gekürzt).

Schnalstal

(122) Zingerle, Ignaz Vinzenz: Hädewic. In: ders.: Erzählungen aus dem Burggrafenamte. Innsbruck: Wagner 1884, S. 1–63.

(123) Cube, Helmut von: Mein Leben bei den Trollen. München: Biederstein 1961.

(124) *Wielander, Hans: Politik und Schafe. In: Das Unterdach des Abendlandes. Arunda 23, 1988, S. 266–271. Hier: S. 266–267.*

(125) *Habicher, Wilhelmine: Di Schnalzr Schoof. In: dies.: Dr Vinschger Fleckiteppich. Dorf Tirol: Verlag Südtiroler Autoren 1989, S. 43.*

(126) Gunsch, Franz: Schnalstal. In: ders.: Vinschgau. Innsbruck: o. V. [1990], S. 43.

(127) *Gruber, Alfred: Schnalstal. Impressionen in Haikuform. In: Jost, Dominik (Hg.): Südtirol. Ein literarisches Landschaftbild. Frankfurt am Main: Insel 1991, S. 283–284.*

(128) *Kadmon: Similaun. Bruder im Eis. In: Unke 16, 1994, S. 259–260. Hier: gekürzt.*

(129) Kling, Thomas: similaunfragment. In: ders. u. Ute Langanky: wände machn. Münster: Kleinheinrich 1994, s. p.

Allgemeine Vinschgau-Texte

Georg Rösch von Geroldshausen: Der fürstlichen Grafschafft Tyrol Landtreim. Innsbruck: Ruprecht Höller 1557. Hier zitiert nach: Thurnher, Eugen (Hg.): Südtiroler Anthologie. Bd. 2. Graz, Wien: Stiasny 1957, S. 17–19 (gekürzt).

Primisser, Johann Friedrich: A Lied im Franzosen Rummel (erstmals 1799). Hier zitiert nach: Thurnher, Eugen (Hg.): Südtiroler Anthologie. Bd. 2. Graz, Wien: Stiasny 1957, S. 35–37 (gekürzt).

Lertha: Ober-Etsch; Der Venoste vor der Römerschlacht. In: Zingerle, Ignaz Vinzenz: Tirol. Innsbruck: Wagner 1852, S. 207, 212–214.

Wohlgemuth, Leonhart: Bergnacht. Vintschgau. In: Zingerle, Ignaz Vinzenz: Tirol. Innsbruck: Wagner 1852, S. 207–208.

Tumler, Franz: Bild der Heimat. In: ders.: Landschaften des Heimgekehrten. Wien, Linz, Zürich: Pilgram 1948, S. 15–22. Hier: S. 15–17 (gekürzt).

Pidoll, Gabriele: Vinschgau. In: dies.: Gedichte. Meran: Unterberger [1963], S. 27.

Köllemann, Adalbert: Vinschger. In: ders.: ... und die Uhr schlagg die Zeit. Wels: Welsermühl 1976, S. 32.

Rech, Ernst: Rätoromanische Bilder. In: ders.: Der Sonnenreigen. Bozen: Athesia 1979, S. 51.

Stecher, Luis Stefan: Vintschgau. In: ders.: Beinahnähe. Bozen: Athesia 1980, S. 61.

Zoderer, Joseph: Das Glück beim Händewaschen. © 1982 Carl Hanser Verlag München Wien. *Hier: S. 85–87.*

Köllemann, Adalbert: Im Vinschgau. In: ders.: Voarn Brenner hintern Reschn. O. O.: [Selbstverlag 1982], S. 71.

Kraushaar-Baldauf, Elisabeth: Nimm das Brot und lauf. Baden-Baden: Schwarz 1983.

Habicher, Wilhelmine: In Vinschgau. In: dies.: Dr Vinschger Flecklteppich. Dorf Tirol: Verlag Südtiroler Autoren 1989, S. 30.

Gunsch, Franz: Vinschgauer Heimatlied; Vinschgau; Gruß an das Vinschgauerland; Lob der Heimat. *In: ders.: Vinschgau. Innsbruck: o.V. [1990], S. 11, 39, 45, 47.*

Kaser, Norbert C.: An Dieter Nicolussi-Leck. In: ders.: Gesammelte Werke, Bd. 3. Innsbruck: Haymon, 1991, S. 45. Hier: gekürzt.

Seyr, Kuno: Vinschgau fast übertrieben; Vinschgau für M.C. *In: Der Schlern 10, 1993, S. 730.*

Paulmichl, Georg: Vinschgau. In: ders.: Ins Leben gestemmt. Innsbruck: Haymon 1994, S. 73.

Wielander, Hans: Briefe aus dem Vinschgau. In: Riviselchu. Arunda 36, 1994, S. 29–60.

Kling, Thomas: etschbiß; provinz; bildprogramme. *In: ders. u. Ute Langanky: wände machn. Münster: Kleinheinrich 1994, S. 23, 39, 51–54.*

Feichter, Reinhilde: Die Litanei. Bozen: Raetia 1995. Hier: S. 117–118.

Vinschgau-Texte aufgrund ihres Themas und Inhalts

Vinschger Lugner

Anonymus: Warum d' Vinschger Lugner? In: Reimmichls Volkskalender 1952. Bozen: Athesia 1952, S. 26.

Habicher, Wilhelmine: Vinschgr Lugnar. In: dies.: Dr Vinschger Fleckteppich. Dorf Tirol: Verlag Südtiroler Autoren 1989, S. 26.

Lügen die Vinschger? Sagen, Erzählungen und Dorfgeschichten aus dem Vinschgau. Hgg. von den Bibliotheken des Vinschgaus und dem Verein der Kulturhöfe Rimpf. Schlanders: o. V. 1992.

Korrner

Schönherr, Karl: Karrnervolk (erstmals 1895). In: ders.: Gesamtausgabe. Wien: Kremayr und Scherian 1969, Bd. 2, S.595–599.

Bredenbrücker, Richard: Dörcherpack. Berlin: Verlag der Romanwelt 1896.

Bredenbrücker, Richard: Die Karrnerin. In: ders.: Von der Lieb, dem Haß und was so dazwischen kriecht. Erzählungen aus Südtirol. Stuttgart: Bonz [1900], S. 101–218.

Schönherr, Karl: Karrnerleut. Drama eines Kindes (erstmals 1904). In: ders.: Gesammelte Werke. Wien, Leipzig: Speidel 1927, Bd. 2, S. 39–61.

Matscher, Hans: Karner. In: ders.: Im Paradeisgartl. Bozen: Ferrari [1928], S. 20–33.

Stecher, Luis Stefan: Korrnrliadr. Bozen: Athesia 1978.

Pircher, Johann: Der Korrnerkini. Typoskript 1981.

Zagler, Luis: Die Grenzgänger. Bozen: Raetia 1992.

Hosp, Inga: Karrner, Dörcher, Storchen. Ein Hörbild über die Vinschauer Vaganten. In: Auf der Suche nach dem Wort. Franz Tumler zum 80. Geburtstag. Hgg. vom Südtiroler Kulturinstitut u. dem Kreis Südtiroler Autoren. Bozen: Athesia 1992, S. 21–34.

Vinschger Bahn

Habicher, Wilhelmine: Dr Vinschgr Zuug. In: dies.: Dr Vinschger Fleckteppich. Dorf Tirol: Verlag Südtiroler Autoren 1989, S. 13.

Paulmichl, Georg: Vinschgauer Bahn. In: ders.: Verkürzte Landschaft. Innsbruck: Haymon 1990, S. 14.

Mall, Sepp: Bahndamm bei L. In: ders.: Läufer im Park. Innsbruck: Haymon 1992, S. 51.

Scheibenschlagen

Habicher, Wilhelmine: Schaibnschlogn. In: dies.: Dr Vinschger Fleckteppich. Dorf Tirol: Verlag Südtiroler Autoren 1989, S. 87.

Innerhofer, Maridl: Vinschgr Scheibmschlogn. In: dies.: Nochtkastl Biachl. Bozen: Athesia 1992, S. 43.

Paulmichl, Georg: Scheibenschlagen. In: ders.: Ins Leben gestemmt. Innsbruck: Haymon 1994, S. 42.

Gebietsführer zum Vinschgau (Auswahl)

Steub, Ludwig: Drei Sommer in Tirol. München: Verlag der literarisch-artistischen Anstalt 1846, S. 250–291.

Staffler, Johann Jakob: Das deutsche Tirol und Vorarlberg, topographisch, mit geschichtlichen Bemerkungen. 2 Bände. Innsbruck: Rauch 1847, Bd. 1, S. 114–316.

Weber, Beda: Handbuch für Reisende in Tirol. In einem Bande. 2. Aufl. Innsbruck: Wagner 1853, S. 311–335.

Zingerle, Ignaz Vinzenz: Schildereien aus Tirol. 2 Bände. Innsbruck: Wagner 1887–1888, Bd. 2, S. 162–177.

Christomannos, Theodor: Sulden-Trafoi. Schilderungen aus dem Ortlergebiete. Innsbruck: Edlinger 1895.

Plant, Fridolin: Reise-Führer durch Vinschgau und dessen Seitentäler. Meran: Plant 1907.

Tumler, Franz: Das Land Südtirol. Menschen, Landschaft, Geschichte. München: Piper 1971, bes. S. 18–26, 43–46, 247–275.

Rampold, Josef: Vinschgau. Landschaft, Geschichte und Gegenwart am Oberlauf der Etsch. Das westliche Südtirol zwischen Reschen und Meran. Bozen: Athesia 1971 (Neuauflage 1997).

Marseiler, Sebastian: Vinschgau. Versunkenes Rätien. Leben und Landschaft. Bozen: Tappeiner 1987.

Bodini, Gianni: Wege am Wasser. Lana: Tappeiner 1993.

Wielander, Hans: Der Vinschgau. Bozen: Athesia 1997.

Wir danken den Autoren und Verlagen
für die freundliche Abdruckgenehmigung.

Bildnachweis

Archiv Tageszeitung »Dolomiten«: S. 148
Ernest T. Compton: S. 68
Edition Photoglob: S. 94, 157
Franz Haller: S. 64
Franz-Heinz Hye: S. 58
Reinhard Rammerstorfer: Umschlagbild hinten
Jakob Tappeiner: S. 165
Toni Bernhart: Umschlagbild vorne, S. 17, 18, 23, 73, 75, 83, 115